존 넬슨 다비의
영적 해방의 실제
경험적인 측면에서 살펴보는 영적 해방의 진리

이 도서의 국립중앙도서관 출판예정도서목록(CIP)은 서지정보유통지원시스템 홈페이지(http://seoji.nl.go.kr)와 국가자료종합목록 구축시스템(http://kolis-net.nl.go.kr)에서 이용하실 수 있습니다.
(CIP제어번호 : CIP2019046869)

존 넬슨 다비의
영적 해방의 실제

경험적인 측면에서 살펴보는 영적 해방의 진리

존 넬슨 다비 지음 | 이종수 옮김

형제들의 집

차 례

역자 서문 • 경험적인 측면에서 살펴보는 영적 해방의 진리 • 6

제 1장 • 영적 해방의 교리적 근거로서 로마서 6장 • 11

제 2장 • 영적 해방: 하나님 앞에서 신자의 바른 위치 • 29

제 3장 • 영적 해방과 거룩 • 47

제 4장 • 영적 해방의 근거 • 59

제 5장 • 그리스도 안에 있는 사람과 육신에 있는 사람 • 75

역자 서문

경험적인 측면에서 살펴보는
영적 해방의 진리

역자 서문

경험적인 측면에서 살펴보는
영적 해방의 진리!

존 넬슨 다비는 앞서 출간된 「존 넬슨 다비의 영적해방」이란 책에서 "영적 해방의 교리적 근거"를 밝혔습니다. 영적 해방이 단순히 이론이 아니라 실제의 삶에서 경험되어야 하는 진리임에도 다수의 그리스도인들은 영적 해방의 진리를 단순히 이론으로만 받아들이려는 경향을 나타내는 것 같아, 참으로 마음이 아픕니다. 그래서 역자는 혹 다비가 이 영적 해방의 진리를 실제 경험적인 측면에서 소개하고 있는 글이 있는가 살피던 중, 「Additional Writings of J.N. Darby」라는 책을 알게 되었고, 그 속에 주옥같은 "영적 해방의 실제"에 대한 글을 발견하게 되었습니다. 그래서 역자는 기쁜 마음으로 "경험적인 측면에서 살펴본 영적 해방의 진리"에 대한 다비의 글을 옮기게 되었습니다.

영적 해방의 진리를 교리적인 측면에서만 접근하게 되면, 죄사함의 진리와 아무런 차이가 없게 되며, 실제적인 우리 신앙생활에 아무런 진보도 이룰 수 없게 됩니다. 다비는 이러한 결과를 미리 예상이나 한 것처럼 영적 해방을 경험적인 측면에서 접근하도록 몇 편의 글을 남겨두었던 것입니다. 따라서 이 책은 우리로 하여금 실제적인 경험의 측면에서 영적 해방의 진리를 접근하도록 보다 균형적인 시각을 제시해주고 있습니다.

우선 해방의 역사를 통해서 우리가 들어가게 된 새로운 위치야말로 모든 그리스도인들이 하나님 앞에서 취해야하는 바른 위치임을 설명해주고 있습니다. 우리는 거듭남을 통해서 새로운 생명을 얻을 뿐만 아니라, 해방을 통해서 새로운 위치에 들어가야 합니다. 이것은 해방의 역사를 통해서 육신 상태에서 나와, "그리스도 안(in Christ)"으로 들어가는 것을 의미하며, 이러한 영적 해방의 역사를 경험함으로써만이 그리스도와의 연합이 주는 실제적인 유익을 누릴 수 있기 때문입니다.

이것을 좀 더 풀어서 설명하자면, 이렇습니다. 해방의 경험을 통해서 1) 우리는 죄에 대하여 죽고 의에 대하여 살게 되며, 2) 그리스도와 함께 연합하여 죽고 그리스도와 함께 연합하여 살게 되며, 3) 육신의 상태에서 벗어나 그리스도 안으로 들어가게 되며, 4) 그리스도 안에서 하늘에 앉아 있는 그리스도인의 새로운 위치를 차지하게 되며, 5) 성령으로 인침을 받게 되고 성령으로 인도함을 받는 삶을 살게 되며, 6) 우리에게 주어진 모든 모진 환경 조차도 성령의 열매를 맺도록 허락된 하나님의 계획임을 확신하고, 이제후로는 불평이 아닌 감사하는 신앙 자세로 어린양 그리스도의 길을 따르면서 넉넉히 이기는 승리자의 삶을 살게 되는 것입니다.

그렇다면 하나님이 그리스도 안에서 준비하신 영적 해방의 은혜를 경험하는 것이야말로 하나님의 비밀을 가진 사람이 되고, 이후로는 더 이상 자아로 살지 않고 그리스도와 연합된 자로서 행복한 신앙생활을 누리는 비결임을 알 수 있습니다.

이 책은 지금까지와는 다른 차원의 신앙의 길을 보여주고, 독자로 하여금 십자가의 길을 통해서 영광에 이르는 길을 제시해 줄 것입니다. 이것이 당신이 진정으로 원하는 것이라면, 영적 해방의 역사가 당신의 영혼 속에서 깊이 역사하도록 기도하시고 이 책을 읽으시길 바랍니다.

영적 해방을 통한 그리스도와의 연합이라고 하는 위대한 진리가 다만 공허한 이론 또는 지적인 동의로 끝나지 않기를 바라며, 당신의 경험 속에서 진정한 하나님의 진리로 승화되어 꽃피울 수 있기를 바랍니다. 먼저 출간된 영적 해방의 교리적 근거를 밝힌 책, "존 넬슨 다비의 영적 해방"과 경험적 측면에서 살펴본 이 책, "존 넬슨 다비의 영적 해방의 실제", 이 두 권의 책이 그러한 당신의 진정한 갈망을 이루어줄 것이라고 믿습니다. 모든 진리의 하나님, 그리고 모든 은혜의 하나님이 당신에게도 영적 해방의 진리를 은혜의 선물로 주심으로써 당신의 삶을 더욱 행복하고 풍요롭게 해주시길 기도합니다.

역자 이 종 수

제 1장
영적 해방의 교리적 근거로서 로마서 6장

"그리스도인이 하나님의 말씀을 읽으면 읽을수록 자신이
신적인 기원을 가진 사람이 되어 가는 것을 더욱 확신하게 된다.
말씀에 대한 의심이 제거될 것이란 뜻이 아니라,
자신이 배운 진리의 내용들이
점차 그 총체적인 모습을 드러내게 될 것이란 의미이다.
점차 모든 진리의 조각들이 퍼즐처럼 맞추어감에 따라
전체 그림이 드러나게 될 때,
진리가 가진 완전성으로 인해서 경이로움을 느끼게 될 것이다."

"나는 율법 아래 종노릇하다가 1827-8년에 해방을 경험했다. 그 때
하나님은 교회가 필요로 하는 진리들을 나에게 열어주셨다."

Letters of J. N. Darby 1:185

제 1장
영적 해방의 교리적 근거로서
로마서 6장*

그리스도인이 하나님의 말씀을 읽으면 읽을수록 자신이 신적인 기원을 가진 사람이 되어 가는 것을 더욱 확신하게 된다. 말씀에 대한 의심이 제거될 것이란 뜻이 아니라, 자신이 배운 진리의 내용들이 점차 그 총체적인 모습을 드러내게 될 것이란 의미이다. 점차 모든 진리의 조각들이 퍼즐처럼 맞추어져감에 따라 전체 그림이 드러나게 될 때, 진리가 가진 완전성으로 인해서 경이로움을 느끼게 될 것이다. 이러한 완전성 속에서 그리스도인은 주님의 손길을 감지한다. 사도 바울이 죄^{sin}의 문제를 다루면서 취하고 있는 방식을 보면서, 나는 이러한 감동을

---

* 역자주: 다비는 「존 넬슨 다비의 성령론」에 실린 "성령의 인침"이란 글에서 로마서 6장이 영적 해방의 교리적 근거를 제시해주고 있음을 여러 차례 밝히고 있다. 이에 역자는 이 책에 대한 이해를 돕기 위해서 로마서 6장을 아울러 소개하며, 제목을 영적 해방의 교리적 근거로서 로마서 6장이라고 정했다.

받았다. 바울은 에베소서에서 소개한 최상의 진리를, 여기 로마서에서는 다루고 있지 않다. 다만 우리는 그가 여기서 다루고 있는 주제에 정확히 필요한 부분만을 전개하고 있는 것을 볼 수 있다. 그래서 바울은 여기 로마서 6장에서는 그리스도와 함께 다시 살리심을 받고, 함께 일으킴을 받아 그리스도 안에서 하늘에 앉힌 바 된 것을 말하고 있지 않고, 다만 "만일 우리가 그의 죽으심을 본받아 연합한 자가 되었으면 또한 그의 부활을 본받아 연합한 자가 되리라"(롬 6:5)고 말하고 있다.

바울은 그리스도께서 죄sin를 위해 죽으셨다거나 또는 우리의 죄들sins*을 대신 지신 것에 대해서도 말하고 있지 않다. 바울은 여기서 죄의 권세가 그리스도의 죽음을 통해서 종결된 사실을 설명하고 있다. 그리스도는 죄sin에 대하여 단번에 죽으셨다. "이와 같이 너희도 너희 자신을 죄sin에 대하여는 죽은 자로 여길지어다."(롬 6:11) 첫째, 우리가 지은 죄들sins은 그리스도

---

* 역자주: 성경은 죄 사함(forgiveness of sins)을 언급할 때, 죄를 언급하는 모든 구절마다 죄들sins이라는 복수형을 사용하고 있다(마 9:2, 행 2:38, 행 10:43, 엡 1:7, 골 1:14). 로마서 1장부터 5장 11절까지는 예수 그리스도의 피를 통해서 우리가 지은 (열매로서) 죄들이 사함을 받은 사실과 칭의의 진리를 소개한다. 하지만 로마서 5장 12절부터 주제가 바뀐다. 왜냐하면 (뿌리로서) 죄sin가 세상에 들어오고 죄로 말미암아 사망이 왔기 때문이다. 이 죄sin는 단수형이다. 이 단수형 죄sin는 우리 신자 속에 거하는 죄성, 죄의 본질, 죄의 권세를 가리킨다. 영적 해방은 바로 이 죄성으로부터 해방을 받아 영적인 자유를 누리면서 생명의 성령의 능력으로 하나님을 위하여 열매를 맺으며 살 수 있는가를 다룬다. 죄들sins과 죄sin를 명확하게 구분해서 이해하는 것이 영적 해방을 경험하는데 있어서 매우 중요하다. 영어성경은 이 부분을 명확하게 구분하고 있다. 킹제임스성경, 또는 다비역성경으로 직접 확인해보라.

께서 우리를 위한 대속제물이 되심으로써 해결되었다(롬 3장). 더욱이 주님께서는 죄sin를 처리하셨는데, 이 부분이 더 중요한 의미를 가진다. 우리는 그리스도께서 우리의 죄들이 되셨다고 말할 수 없다. 그리스도는 우리의 죄들sins을 대신 지셨지만, 우리를 위해서는 죄sin가 되셨다. "이제 자기를 단번에 제사로 드려 죄sin를 없게 하시려고 세상 끝에 나타나셨느니라." 그리스도께서 죄들 뿐만 아니라 세상의 상태인 죄를 모두 담당하셨기 때문에 하나님 앞에서 모든 것이 변화되었다. 그리스도는 세상 죄를 지고 가신 하나님의 어린양이시다. 그리스도의 사역은 하나님의 생명으로부터 전적으로 이탈되어 있는 이러한 죄의 원리를 철저하게 제거하셨다.

하나님은 세상을 다루시면서 사람이 하나님으로부터 떠나 있는, 하나의 원리로서 죄를 처리하셨다. 하나님께서 그리스도의 죽음을 통해서 특정한 범죄행위를 용서하실 수는 있었지만, 죄sin라는 전체 상태에 대해서는 용납하실 수 없었다. 하나님께서는 죄sin를 정죄하고 심판하셔야만 했다. 우리는 하나님께서 옛 성품을 용서하신다고 말할 수 없다. 하나님은 옛 성품을 정죄하고 심판하셨다. 사람이 죄 아래 있는 상태였기 때문에, 하나님은 인류의 역사를 통해 인류의 죄인됨을 지금까지 다양한 방법으로 다루어 오셨다. 왜 하나님께서는 죄가 이 세상에 있다는 이유 때문에 여자의 후손을 약속하셔야만 했는가? 정욕을 금지하도록 율법을 주신 이유는 죄sin의 존재 때문이 아니겠는가? 사실 하나님께서 세상을 정죄하시든지 자비를 베푸시든지 간에 하나님께서 세상을 다루시는 것은 바로 죄^{sin}가 하나님 앞에서 유일한 하나의 인간의 상태라는 사실과 밀접한 관련이 있었다. 이제 그리스도께서 행하신 사역은 이러한 모든 상태를 변화시켰다. 나는 이제 이 그리스도의 사역과 우리의 믿음이 무슨 관계가 있는지에 대해 말하고자 한다. 최종적인 결과는 아직 성취되지 않았지만 십자가를 통해 모든 것이 변화되었다. 이 일로 인해서 우리는 미래에 의가 거하는 새 하늘과 새 땅을 보게 될 것이다. 믿음을 통해 우리는 이것을 기대하고 있다. 우리의 죄들이 없어질 뿐 아니라 하나님의 모든 영광이 새 하늘과 새 땅에 나타나게 될 것이다.

하나님의 창조는 죄^{sin}에 의해 망가졌다. 천사가 이것을 본다면 이 세상에 대해 어떻게 생각하겠는가? 만약 성도가 세상에 대해 생각해볼 때 세상은 정욕과 욕심, 죄로 가득한 곳이 아니겠는가? 세상의 모든 것이 혼란 가운데 있다. 하나님께서 이런 세상에서 어떻게 영광을 얻으실 수 있겠는가? 바로 이 점 때문에 그리스도께서 개입하신 것이다. 그리스도께서는 이 땅에서 고난 받으시고 모든 일에서 하나님께 순종하신 것을 비롯하여 이 땅에서 완전하게 행하신 모든 행함을 통해 하나님 아버지를 영화롭게 하셨다. 그리고 십자가에 이를 때, 우리는 죄^{sin}가 되신 그리스도 안에서 하나님의 모든 것이 영화롭게 되었다는 것을 보게 된다. 나의 영혼은 죄^{sin}가 전혀 들어올 수 없는 새로운 창조 안에서 그리스도의 이러한 온전한 순종의 결과를 보고 있다.

실제적인 면에서 우리는 주님을 다시 만날 때 죄가 완전히 사라지게 되어 다시는 죄 아래 종노릇 할 필요가 없는, 그러한 축복을 온전히 누릴 수 있을 때까지 이 땅을 사는 동안 죄^{sin}로 인해 겪게 되는 많은 쓰디쓴 경험들을 통과할 수 밖에 없다. 내가 원하는 것은 내가 지은 죄들^{sins}을 용서받는 것 뿐만 아니라 이러한 죄^{sin}의 뿌리에 대한 문제를 해결받는 것이다. 우리는 죄의 뿌리에 대한 질문의 답변을 로마서 5장 12-21절에서 발견한다. 이 부분에서 다루고 있는 것은 한 사람 아담의 죄로 인한 영향이 다른 사람, 즉 예수님의 순종에 의해서 해결되었다는 사실이다. 한 사람 아담에 의해 죄^{sin}가 세상에 들어왔다. 한 사람의 범죄로 인해 사망이 모든 사람들에게 임했다. 아담은 여기서 인류의 머리로 나타나 있다. 이것은 당신과 내가 지은 특정한 죄들^{sins}에 대한 문제가 아니라, 한 사람에 의해서 세상에 들어온 죄^{sin}에 대한 문제를 가리킨다. 한 사람에 의해서 사망이 우리에게 임한 것처럼 한 사람에 의해서 의(義)가 우리에게 임했다. 한 사람 아담의 범죄로 인해 사망이 왔지만, 한 사람 예수님의 순종에 의해 의가 임하게 된 놀라운 사실을 우리는 보아야 한다.

율법은 어기는 일이 있을 때에야 개입된다. 죄^{sin}가 아니라 범법의 사실이 있어야 율법이 개입된다는 사실을 주목하라. 죄는 율법이 있기 전에도 있었고, 율법은 나중에 들어왔다. 여기서 중요한 사실은 한 사람에 의해서 죄가 세상에 들어왔다는 사실이다. 물론 각 사람은 자신이 지은 죄들에 대한 책임을 져야 한다. 하지만 여기서는 한 사람 아담에 의해 죄가 들어온 사실에 주목해야 한다. 바로 이것이 우리가 처한 상황이다. 그리고 한 사람 예수님에 의해 의가 들어왔다. 두 경우 모두 각자의 행동은 자신과 관련되어 있을 뿐만 아니라 그와 연결된 모든 사람과 관련된 것이었다. 나는 그리스도의 이러한 행동을 통해서 의롭게 되었고 믿음으로 하나님의 의로운 자녀라고 말할 수 있게 되었다.

육신은 이러한 사실에 반대하면서 '만일 네가 의롭게 된 것이 전적으로 다른 사람의 행동에 의한 것이라면, 그리고 모든 게 다 은혜라면, 은혜가 더 풍성해지도록 죄에 거하라'고 말한다. 육신은 이런 식으로 항상 하나님의 은혜에 반대한다. 세상 사람들은 죄가 자신들에게 참으로 방해물이 되기 때문에 이런 문제에 관심을 갖는 것이 아니다. 그들은 단지 복음을 반대하기 위해 이런 질문을 던지는 것이다. 이것은 마치 주님을 고소할 거리를 찾기 위해 간음 중에 잡힌 여인을 끌고 와서 주님을 시험하고자 한 사람들의 태도와 같다.

그래서 사도 바울은 은혜를 더하게 하려고 죄^{sin}에 거하겠느냐는 질문을 제기한 후 이러한 생각이 말도 되지 않는 것이라는 사실을 보여준다. 죄sin는 내가 처한 상태다. 그렇다면 이 질문은 이런 의미이다. 내가 그것으로부터 구원받았는데, 다시 그것에 거해야 하느냐? 이 질문에 대해서는 두 가지 사실을 통해 답할 수 있다. 우리는 바울이 두 가지 각각에 대해 서로 다른 기반에서 문제를 다루고 있다는 것을 살펴보게 될 것이다. 첫 번째는 "우리가 죄에 거하겠느냐?"라는 질문이고, 두 번째는 "우리가 죄를 지으리요?"라는 질문이다. 첫 번째 질문은 우리가 처해 있었던 죄라는 상태의 측면에서 이 질문을 다루고 있고, 두 번째 질문은 율법 아래 있지 않고 은혜 아래 있다는 사실을 통해서 이 질문을 다루고 있다.

첫째로, 우리가 죄sin에 거하는 문제에 대해 사도 바울은 이것이 불가능하며 모순된 말이라고 말한다. 왜냐하면 아무도 살아 있으면서 동시에 죽어 있는 상태에 있을 수 없기 때문이다. 당신이 그리스도와 함께 죽었다면 죄에 대해 살아 있다고 말할 수 없다. 여러분이 세례(침례)를 받았을 때 여러분은 어떤 상태에 들어간 것인가? 여러분은 그리스도의 죽음에 참여한 사람이 되었는데도 여전히 죄에 거하기를 원할 수 있는가? 그렇다고 말하는 것은 이 모든 것을 부인하는 일이다. 그리스도께서는 죄sin에 대해 죽으셨다. 주님께서는 죄가 없으셨지만 시험을 받으셨고 마침내 십자가에서 죄sin가 되셨다. 주님은 죽으셨기 때문에 이 모든 상태에서 벗어나셨다. 주님은 죄sin에 대해 단번에 죽으신 것이다. 주님께서는 이 악한 세상 가운데로 오셔서 행하신 모든 일에서 의로움과 거룩함을 보여주셨고, 결국에는 돌아가심으로써 세상의 악으로부터 벗어나셨다. 당신이 그리스도에게로 인도되었을 때 당신은 죽었고 다른 상태로 들어가게 되었다. 여기서 바울은 우리가 죄sin에 대해 죽는 것에 대해 말하고 있다. 그런데 우리는 다른 성경구절로부터 그리스도께서 죄를 위해 죽으셨고, 우리의 죄들을 담당하셨다는 사실을 알고 있다. 이제부터 다루고자 하는 주제는 *죄들sins의 사함*이 아니라 *죄sin로부터의 해방*이다.

믿음은 육신의 이러한 상태를 심판한다. 이것은 열매가 얼마나 나쁘냐의 문제가 아니다. 나무 자체가 나쁜 것이다. 이것은 열매의 문제가 아니라 뿌리의 문제이다. (당신이 성령의 열매를 맺지 못하는 것은, 육신과 죄에 뿌리를 내리고 있기 때문이다. 그렇다면 당신은 한 번도 성령의 열매를 맺은 일이 없을 것이다.)

하나님께서는 "내가 내 포도원 안에서 했던 일 말고 무슨 일을 더할 수 있겠느냐?"고 말씀하신다. 하나님께서 열매를 기대하셨는데도 포도나무는 신 열매를 맺었다. 하나님께서 포도원을 완벽하게 돌보셨지만, 나무가 나쁜 나무였기 때문에 포도원을 경작해 보았자 오히려 더 많은 신 열매를 거두게 되었을 뿐이다. 우리가 종종 말하는 것처럼, 사람은 율법이 없으면 무법

자가 되고 율법 아래 있을 때는 범법자가 된다. 사람이라는 나무는 항상 이와 같았다. 이로 인해 나타난 유일한 결과는 육신의 마음이 항상 하나님을 대적하는 일을 해왔다는 것이다.

하지만 나는 이제 그리스도께로 나아왔고 그분과 함께 죄^{sin}에 대하여 죽었으며 비참한 죄^{sin}의 상태로부터 벗어나게 되었다. 그리고 나는 내가 아닌 다른 곳에서 생명을 얻었는데, 이것 또한 그리스도의 사역에 의한 것이다. 나는 나의 본질(육신)을 볼 때, 나는 죽어야 하고 다른 곳에서 생명을 취해야 한다는 것을 알게 된다. "무릇 그리스도 예수와 합하여 세례(침례)를 받은 우리는 그의 죽으심과 합하여 세례(침례)를 받은 줄을 알지 못하느냐?" 사도 바울은 당신이 죽는 일(죽음)에 그리스도와 연합되었다고 말한다. 그로 인해 당신은 생명의 새로움 안에서, 즉 새 생명으로 행할 수 있게 되었다.

바울은 우리가 영적으로 죽어 있다가 그리스도와 함께 영적으로 살아났다고 말하고 있지 않다. 그는 여기서 생명의 근원과 능력을 말하고 있다. 이것은 그리스도를 죽은 자 가운데서 일으키신 아버지 하나님의 모든 영광을 드러낸다. 하나님이 가지신 모든 위엄과 영광, 의로움, 사랑이 그리스도를 일으키신 것과 연관되어 있다. 하나님께서 그리스도를 사랑하시고 그분의 의로움과 순종, 그분의 모든 것을 기뻐하시는 것이 무덤에서 그분을 일으키신 일과 연결되어 있다. 그리스도는 아버지 하나님께 보인 완전하고 복된 순종을 통해서 죄sin에 대해 죽으셨다. 그래서 아버지 하나님께서는 권능 가운데서 그리스도를 죽음의 상태에서 꺼내신 것이다. 따라서 나는 단순히 나쁜 일을 하지 않는 정도가 아니라, 생명의 새로움 안에서 행할 수 있게 된 것이다. 내가 그리스도와 함께 죽었다면 나는 그분의 부활을 본받게 될 것이다. 우리는 믿음으로 그리스도께서 취하신, 그리스도의 자리를 붙들 수 있게 되었으며, 그리스도를 통해 살게 되었다.

아담 안에 있었을 때의 나의 모습과 행태는, 이제 그리스도의 죽음에 연합하는 믿음을 통해서 모두 무효화되었다. 나는 죽음을 통해서 그 상태로부터 벗어나게 된 것이다. 여기서 바울이 우리가 그리스도와 함께 "산다"고 하지 않고 그리스도와 함께 "살 것이라"(롬 6:8)고 말한 것에 주목해야 한다. 우리는 이 표현이 우리가 지금 그리스도 안에서 하늘에 앉은 측면을 언급하는 것이 아님을 알 수 있다. 우리는 그분의 죽으심을 본받아 심겨졌고, 그분의 부활을 본받아 심겨지게 될 것이다.

그리스도는 죄sin에 대하여 단번에 죽으셨다. 이것은 도덕적인 언급이 아니다. 시험을 받으면 받을수록 주님의 온전하심은 더욱 드러나게 될 뿐이다. 하지만 주님은 죽음을 통해서 죄에서 벗어나셨고 이제는 하나님께 대하여 살아계신다. 바로 이 사실이 나 자신도 "죄sin에 대하여는 죽은 자요 예수 그리스도 우리 주를 통하여 하나님께 대하여 산 자"로 여길 수 있는 근거가 된다. 나는 하나님께 대하여 살아 있으며, 그 외에 어떤 것도 사실이 아니다. 내가 살아 있는 것은 그리스도를 통하여 하나님을 향하여 살아 있는 것이다. 주님께서 이 세상에 계셨을 때 하나님을 향해 사셨던 것은 사실이다. 하지만 주님은 죽음을 통해 세상으로부터 벗어나셨고, 이제는 죄가 없는 곳에서 하나님께 대하여 살아 있다. 영광은 분명 나에게 미래의 일이지만, 나는 지금 하나님을 향하여 살아 있다.

죽은 사람은 죄^{sin}로부터 자유롭게 된다. 사람이 죽게 되면 그가 과거에 지은 죄를 가지고 그에게 책임을 물을 수 없다. 왜냐하면 그는 죽음을 통해서 그것으로부터 완전히 벗어났기 때문이다. 그래서 우리는 죄^{sin}로부터 자유롭게 되었다. 죽음은 *경건의 삶을 위한 출발점이 된다*. 죄^{sin}에 대하여 죽은 자가 되어 죄^{sin}로부터 자유롭게 된 우리는 "그러므로 너희는 죄로 너희 죽을 몸에 왕 노릇하지 못하게 하여 몸의 사욕을 순종치 말고"라는 권면을 받는다. 만약 당신이 그리스도와 함께 살아났다면 여전히 죄^{sin}의 지배에 아래 있는 것처럼 죄^{sin}가 여러분을 지배하도록 허용해서는 안된다. "너희 지체를 죄에게 드리지 말라." 나는 이제 죄^{sin}에 대해 "나는 이제 더 이상 너의 종이 아니다"라고 말할 수 있다. 나는 이제 다른 누군가에 속한 자가 된 것이다. 나는 죄^{sin}로부터 벗어나 자유롭게 되었고, 생명이 주어졌기 때문에 하나님께 나 자신을 드릴 수 있게 된 것이다.

이것은 단지 내가 죽었기 때문에 그렇게 된 것이 아니라 살아난 자가 되어 죄^{sin}를 섬기는 노예상태에서 해방되어 자유롭게 되었기 때문에 가능해진 것이다.

이러한 새로운 생명 안에서 우리는 무엇을 해야 하는가? 당신은 무엇에게 자신을 드리겠는가? 나는 의의 종으로 내 지체를 하나님께 드릴 것이다. 나는 참으로 복된 자유 안에 놓여졌기 때문에 이것을 할 수 있게 되었다. 나는 나 자신을 하나님께 드릴 수 있다. 나는 죄^{sin}의 노예였지만 이제는 자유롭게 되었고 의(義)의 노예가 되었다.

여기서 사도 바울은 사람들이 흔히 사용하는 의미에 따라 "노예"라는 단어를 사용하고 있다. 우리는 자유의 완전한 법에 의해 판단을 받아야 하는 자로서 이제 행동하고 또 말할 수 있게 되었다. 우리는 값을 주고 사신 바가 되었다. 우리는 이제 하나님께 속한 자가 되었다. 그리고 우리는 이미 죽고 살아난 자로서 우리 자신을 의의 병기로 하나님께 드릴 수 있는 특권을 가지게 되었다. 죽음에 의해 죄의 권세로부터 해방된 우리는, 우리 자신을 하나님께 드릴 수 있는 생명을 가지고 있다. 우리는 누구에게 대하여 살아야 하는가? 전에 죄에 대해 드려졌던 우리의 지체를 이제는 의의 병기로 하나님께 드려야 할 것이다. 그리스도인이 가진 위치는 얼마나 놀라운 것인가?

율법은 죄를 개선할 수 없다. 우리가 이제 죄에 대해 우리에게 책임을 물을 법을 가지고 있지 않다고 해서, 우리는 죄를 지어야 하는가? 사도 바울은 우리가 죄를 지을 수 없다고 말하는데도, 계속해서 죄에 거해야 하는가? 바울은 우리가 죽은 자라는 사실을 말함으로써 이 질문에 대한 답을 하고 있다. 우리는 죄에 대해 죽었기 때문에 산 자처럼 죄를 계속 지을 수 없다. 우리는 자유롭게 된 사람이다. 이것은 우리의 마음이 어디로 가느냐의 문제이다. "너희가 전에는 죄의 종이었더니." 우리는 이제 의의 종이 되었다. 전에 우리는 죄를 따라 살아서 하나님으로부터 멀리 떨어져 있었기 때문에 의의 종이 아니었다. 그 때 우리는 어떤 열매를 맺었는가? 아무 열매도 맺지 못했다. 그 끝은 사망이었다. 하지만 이제 죄로부터 자유롭게 되어, 우리는 하나님께 대하여 종이 되었고 거룩에 이르는 열매를 맺는 자로 변화되었다.

의의 길에는 긍정적인 열매가 있다. 하나님께서 모세에게 은혜를 나타내셨을 때 그는 "주여 저에게 당신의 길을 보여주시고 당신을 알게 하시며 당신의 눈 앞에서 은혜를 발견하게 하소서"라고 말했다. 모세는 만약 자신이 하나님의 자비 안에 있다면 하나님께서는 광야길 가운데서 하나님의 길을 보여주셔야 한다고 구한 것이다. 순종의 길을 걷고 있을 때 하나님의 길을 안다면 하나님을 기쁘시게 하는 방법을 알게 되고 악으로부터 실제적으로 분리될 수 있을 것이다. 그렇다면 나는 열매 맺는 삶을 살 수 있을 것이다. 바로 이 길이 하나님을 아는 지식에까지 성장하는 삶이다. 요한복음 14장에서 "사람이 나를 사랑하면 나의 말을 지키리라"고 주님이 하신 말씀처럼 우리가 그리스도의 말씀을 지킬 때 열매를 맺게 된다. 그리하면 우리 영혼은 하나님께서 그리스도의 어떠하심을 드러내시는 데까지 성장하게 된다. 아쉽게도 우리는 종종 선과 악을 구분하는 데 둔감해져 있기 때문에 이것에 대한 감각이 예민해져야 할 필요가 있다.

사랑하는 친구들이여, 하나님의 은혜가 그리스도의 사역을 통해서 우리를 어떠한 위치로 이끌었는지를 올바로 아는 것이 중요하다. 그리스도께서 세상에 대해 작별을 고하신 것처럼 믿음을 통해서 당신도 세상과 완전히 작별을 고하였는가? 그렇다면 당신은 자유롭게 되어 하나님께 대하여 살아있으며, 자유의 완전한 율법에 따라 판단을 받게 될 것이다. 만일 내가 하나님의 뜻대로 살고자 한다면 이것이 바로 참된 자유다. 이러한 삶은 단순히 계명에 순종하는 것 이상의 삶이다. 만일 나의 자녀가 어떤 도시로 가고자 하는데 내가 그것을 금지했기 때문에 내 자녀가 내 뜻에 순종한다면 그것은 제한의 법이 될 것이다. 하지만 다음날 내가 그 도시에 가도 좋다고 말했는데도 자녀가 도시에 가지 않는다면 그것은 자유의 법이 될 것이다.

이제 주님께서는 우리를 자유롭게 해주셨고, 우리에게 "어디로 행할 것인가?"를 물으신다. 내가 벗어났던 그 길로 다시 행할 것이냐?고 묻는 질문이다. 이것은 단지 의를 행하는 문제라기보다, 하나님을 보다 완전히 알고 하나님의 생각 가운데서 그리스도가 어떤 분인가에 대해 보다 완전히 깨닫는 가운데 하나님께 순종하고 거룩에 이르는 열매를 맺는 삶을 말한다. 이렇게 될 때 하나님의 기쁨이 곧 나의 기쁨이 될 것이다.

그리스도께서 행하신 사역의 위대한 결과가 미래에 이 세상에 나타나기 전까지, 우리는 이러한 결과가 나타나기를 기대하면서 우리가 인도받은 새로운 위치의 능력 안에서 행해야 할 것이다. 즉, 우리는 하나님께 대하여 살아 있으므로, 우리의 시간과 돈만을 포기하는 것이 아니라, 우리 자신을 포기하는 것이 우리가 가진 특권이라고 할 수 있다.

제 2장

영적 해방: 하나님 앞에서 신자의 바른 위치

"해방이 오기 전에 우리 자신이 육신에 있다는 것이
발견 또는 자각되어야 한다.
즉 우리 자신이 나쁜 나무라는 인식이 선행되어야 한다.
우리는 죄인일 뿐만 아니라
육신에 있는 사람은 하나님을 기쁘시게 할 수 없다는
엄중한 사실이 영혼 속에 각인이 되어야 한다.
우리가 육신은 나쁜 것이며, 불치의 존재라는 사실을 알게 될 때,
우리는 경험을 통해서 우리가 전적으로 무기력하고,
그래서 우리가 그리스도와 함께 죽었다는 진리를
실제적으로 아는 시점에 이르게 된다."

"해방과 죄 사함은 다르다. 해방을 경험하려면, 우리가 얼마나 많은 범죄를 행했는가 뿐만 아니라 우리가 얼마나 육신적인 존재인가를 알아야 한다. 그 후에 해방은 그리스도 안에 있는 존재로서 성령의 인침을 받은 후에 알게 된다."

Letters of J. N. Darby 3:120

제 2장
영적 해방 : 하나님 앞에서 신자의 바른 위치

영적 해방과 죄 사함을 혼동하는 사람들이 많다. 물론 영적 해방과 죄 사함의 진리는 모두 그리스도인의 위치와 부활하여 지금 영광 가운데 계신 주님의 위치와 결합되어 있다. 주님은 사망을 넘어, 심판을 넘어, 죄를 넘어, 그리고 사탄의 권세를 넘어 천상에 계신 인자(a man)이시다. 부활하신 그리스도 안에서, 우리는 새 생명 뿐만 아니라 전적으로 새로운 위치(new position)를 차지하고 있다. 그리스도의 위격 안에 새 사람이 있다. 이 새 사람은 하나님 앞에 열납되었고, 승천했으며, 게다가 영광을 소유하고 있다. "또한 그로 말미암아 우리가 믿음으로 서 있는 이 은혜에 들어감을 얻었으며 하나님의 영광을 바라고 즐거워하느니라."(롬 5:2) 그리스도께서 영광을 얻으시자마자, 성령님이 내려오셨다. 여기서 기독교는 시작되었다. 우리는 이미 신적인 생명을 소유하고 있지만, 아직 영광을 얻지 못하고 있다. 성령님은 인자의 영광(that glory of the Son of Man)을 증거하시기 위해서 내려오신 것이다. 이제 우리는 그리스도와 더불어 영화롭게 될 날을 기다리고 있다. 이러한 그리스도인의 위치를 결정하는 것은 성령님을 소유하고 있는가에 (또는 성령님이 내주하고 있는가에) 달려있다.

많은 사람들이 그리스도께서 성육신을 통해서 우리와 연합되었다는 사상을 가지고 있다. 하지만 이러한 사상은 오류이며, 기독교를 파괴할 뿐만 아니라 많은 잘못된 오류를 낳는다. 주님은 "한 알의 밀이 땅에 떨어져 죽지 아니하면 한 알 그대로 있고 죽으면 많은 열매를 맺느니라"(요 12:24)고 말씀하셨다. 이는 그리스도께서는 타락한 상태에 있는 인간과 자신을 연합시킬 수 없었음을 보여준다.

어떤 사람들은 거듭나지 않은 사람, 즉 자연인 속에 신적인 본성이 있다고 주장한다. 하지만 자연인 상태에 있는 사람은 정죄를 받았다. 다른 사람, 즉 두 번째 아담만이 하나님을 기쁘시게 해드릴 수 있었다. 그에 대한 증거로, 하나님은 그리스도를 죽은 자 가운데서 살리셨다. 복음은 영광을 받으신 그리스도와 함께 시작된다. 그리고 우리 속에 내주하시는 성령을 통해서 완성된다.

성육신을 통해서 오신 그리스도야말로 참으로 기쁜 소식이다. 하지만 그럼에도 세상에 오신 그리스도께서 자신의 십자가 사역을 완성하기 전까지 복음은 시작되지 않았다. 이제 완성된 그리스도의 사역으로 인해 복음은 더 이상 약속에 불과한 것이 아니라, 성취된 그리스도의 사역에 대한 증거(또는 증언)로 남아 있다. 이제 복음은 완성된 그리스도의 사역에 대한 증언이며 또한 선포인 것이다. 성령님이 오셨다. 성령님은 신자들을 향해서 완성된 사역을 밝히 비추시고, 그 방법을 통해서 신자가 들어가게 된 새로운 위치에 대해서 가르치신다. 성령님은 (장차 신자가 얻게 될) 영광의 보증이시다.

우리와 함께 하시는 역사 외에도 우리 속에서 역사하시는 성령의 역사가 있다. 이것은 매우 독특한 것이다. 성령님은 우선적으로 우리가 지은 죄들sins을 보여주시고 또한 그리스도의 피를 통해서 우리가 범한 그 모든 죄들sins이 사함을 받았으며, 또 그 모든 죄에서 의롭다 함을 받았다는 것을 분명히 하신 후에, 우리에 대하여 주관적으로 죄sin(또는 죄성)에 대해서 우리를 책망하신다. 바로 이 시점에 이르기까지 해방은 경험되지 않으며, 될 수도 없다. 죄 사함의 기쁨은 해방이 아니다. 그렇게 생각하는 것은 오해이다.

또 다른 것이 있다. 해방이 오기 전에 우리 자신이 육신에 있다는 사실이 발견 또는 자각되어야 한다. 즉 우리 자신이 나쁜 나무라는 인식이 선행되어야 한다. 우리는 죄인일 뿐만 아니라 육신에 있는 사람은 하나님을 기쁘시게 할 수 없다는 엄중한 사실이 영혼 속에 각인이 되어야 한다. 우리가 육신은 나쁜 것이며, 불치의 존재라는 사실을 알게 될 때, 우리는 경험을 통해서 우리가 전적으로 무기력하고, 그래서 우리가 그리스도와 함께 죽었다는 진리를 실제적으로 아는 시점에 이르게 된다. 그리스도는 우리를 위해서 죽으셨다. 이것을 실제적으로 경험하는 것이 죄 사함이다.

이제는 우리가 그리스도와 함께 죽었다는 진리를 실제적으로 알아야 한다. 이것이 해방으로 가는 관문이다. 그리고 나서 우리는 해방을 경험하게 된다(롬 8장). 해방을 통해서 우리는 새로운 피조물이 된다. 이제 우리는 우리 자신을 죽은 자로 여긴다. 이것이 믿음을 통해서 이루어졌다면 당신은 "죄^{sin}에 대하여는 죽은 자"이며, "그리스도 예수 안에 있는 생명의 성령의 법이 죄^{sin}와 사망의 법에서" 해방된 사람이다. 결론은 우리가 육신에 있지 않고 성령 안에 있으며, 하나님의 영이 우리 속에 있기에 하나님의 아들이며, 그리스도와 함께 한 후사가 되었다는 것이다. 우리는 새로운 위치에서 그리스도와 함께 연합되어 있다. 우리 안에서 내주하시는 성령님은 이 사망의 몸 안에서 우리로 하여금, 탄식하며 고통 하는 피조물과 더불어 탄식하게 하시며, 우리가 사는 이 세상이 얼마나 참혹한 세상인가를 느끼게 하신다.

에베소서 1장 13절에서 말하고 있는, 구원의 복음의 진리가 가지고 있는 마지막 부분은 경험적인 측면이다. 죄 사함의 진리는 로마서 초반부에서 5장 11절까지 전개되어 있고, 옛 사람의 죽음과 죄^{sin}에 대하여 죽는 영적 해방의 진리는 두 번째 부분, 즉 5장 12절부터 8장 끝까지 전개된다.[1] 이러한 경험적인 지식은 다음과 같이 세 부분으로 나누어진다.

1) 우리는 죄^{sin}에 대하여, 나쁜 본성에 대하여 죽었다. 옛 사람은 십자가에 못 박혔고, 우리는 그리스도 안에서 (또는 그리스도와 함께) 죽었으며, 이제 그리스도 예수 안에서 하나님을 향하여 살았다. 죽음과 부활은 이렇게 함께 일어난다.

2) 우리는 그리스도와 함께 살아난 사람이라는 인식을 가지게 된다. 이것은 그리스도의 부활의 효력이다. 이것은 더 깊은 것으로 나아가는 두 번째 단계일 뿐이다. 나는 죽었고 다시 살아났다. 따라서 나는 비록 세상에 살고 있지만, 세상에 대하여 죽었다(골 3:3).

3) 우리는 그리스도 안에서 하늘에 앉아 있다(엡 2장). 이 마

---

[1] 독자들은, 로마서 1장부터 5장 11절까지가 우리가 범한 죄들을 다루고 있다는 것을 마음에 새기는 것이 이 글을 이해하는데 도움이 될 것이다. 로마서 5장 12절부터 8장까지는 "육신 안에 있는 죄"(롬 8:3)를 다루고 있는데, 이것은 또한 영혼 안에서 자리 잡고 있는 죄의 존재를 가리킨다. 로마서 8장은 로마서 7장에서 설명하고 있는 갈등상태에서 벗어나게 해준 해방의 역사를 통해서 우리가 들어가게 된 새로운 상태(롬 8장)와 새로운 상태에서 우리가 경험하는 영적인 역사를 다루고 있다.

지막 부분을 경험하는 것은 우리의 나쁜 본성(육신)과 거기로부터 해방의 역사를 통해서 알게 된, 더 깊고 신령한 지식에 기초하고 있다. 우리는 허물과 죄로 죽어 있었다. 이제 우리는 그리스도와 함께 살리심을 받았고, 함께 일으켜졌으며, 새로운 피조물이 되었다. 이 시점에서 죄 사함은 이미 경험한 과거의 일이다.

이 세 가지 요점들이 바울의 서신서에 흩어져 있다. 로마서에서 우리는 그리스도와 함께 죽었다. 이렇게 죽는 것이 해방이다. 골로새서에서 우리는 그리스도와 함께 죽었을 뿐만 아니라, 더하여 그리스도와 함께 살리심을 받았다. 에베소서에서 이 주제는 더 나아간다. 왜냐하면 우리는 그리스도 안에서 하늘에 앉아 있고, 구원을 받았으며, 성령으로 인치심을 받았기 때문이다. 골로새서는 성령님에 대해서 언급하지 않고, 다만 우리의 생명으로서 그리스도에 대해서 말한다. 이 세 서신서에서 나타난 권면들은 이 세 가지 요점들과 조화를 이루고 있다. 로마서에서 그리스도와 함께 죽은 우리는, 우리 자신을 산 제물로 하나님께 드리라는 권면을 받는다. 골로새서에서 그리스도와 함께 살리심을 받은 우리는, 땅엣 것이 아니라 위엣 것, 즉 하늘에 속한 것들을 추구하라는 권면을 받는다. 거기는 그리스도께서 앉아 계신다. 에베소서에서 하늘에 (물론 성령의 능력으로) 앉아 있는 우리는, 하나님의 임재 가운데서 세상으로 나아가 그리스도의 성품을 나타내라는 권면을 받는다(엡 5:1-2).

이것은 로마서에서 말하고 있는 교훈들과는 전적으로 다른 차원의 권면들이다. 바울이 전한 복음의 핵심 가운데 첫 번째 부분은 인간의 책임들이 충족되었고, 책임을 면하게 되었다는 것이다. 이것은 비록 영혼의 만족과 평안을 가져다주기는 하지만, 전혀 경험적인 측면은 아니다. 하지만 만일 내가 "나는 죽었습니다"라고 말한다면, 이것은 경험적인 측면을 말한다. 이것은 내가 사법적으로 의롭다함을 받았다는 로마서 5장까지의 교리적인 측면에 있는 것이 아니라, 로마서 6장의 경험이라는 주관적인 측면에 있는 것이다. 이처럼 로마서 6장부터 시작되는 두 번째 부분은 경험적이고, 주관적인 주제를 다루고 있다. "나는 그리스도와 함께 죽었습니다." 이것은 경험이다. 우리는 죄들sins의 사함과 죄sin에서 해방 받은 상태를 혼동해서는 안된다. 이렇게 죄들sins의 사함을 받은 상태에서 죄sin로부터 해방받는 단계로 넘어가는 과정에서 당신은 다음 세 가지를 경험하게 된다.

1) 내 속에 선한 것이 거하지 않는다는 것을 알게 된다. 내가 악을 행했다는 사실 보다는 나의 육신은 나쁘고, 하나님께 굴복할 수 없으며, 게다가 육신은 하나님과 원수라는 사실을 아는데 이르게 된다.

2) 나는 더 나은 선을 행할 힘이 없다는 것을 알게 된다. 나는 성령으로 다시 살리심을 받았지만 선한 것을 행할 수 있는 힘이 없고, 완전히 무력하다는 것을 아는데 이르게 된다.

3) 악을 행하는 것은 내가 아니라, 내 속에 거하는 죄sin라는 것을 아는데 이르게 된다. 내 속 뜻은 악을 행하기 보다는 선을 행하고 싶지만, 내 속에 거하는 죄sin의 힘은 너무도 강하기 때문에 어쩔 수 없이 죄sin에 굴복하고 마는 무기력한 상태에 있음을 아는데 이르는 것이다. 즉 나 자신의 의지와는 상관없이 죄sin가 폭군처럼 (때로는 달콤한 말로 속삭이는 유혹자처럼) 나를 다스리고 있는 상태를 자각하게 되는 것이다.

"내가 아니요 내 속에 거하는 죄sin니라" 라는 발견을 통해서 마음의 위안을 얻었을지라도, 이 시점까지 해방은 경험되지 않았다. 이러한 발견은 해방이 아니라 해방의 가능성을 의미한다. 여전히 나보다 더 강한 존재가 있다, 즉 내 속에 있는 악이 더 강하다는 사실을 철저하게 경험하고 있는 상태인 것이다. 나는 죄sin에 묶여 있고, 죄sin의 노예 상태에 있다. 나는 원하는 바 선을 행할 수 없다. 하지만 이제 위에서 말한 세 가지 것들을 경험하는 때가 오면, 나는 죽었다는 사실을 발견하게 되고, 나를 절망 속에 포기하게 되며, 그리고 나서 나를 해방시키시는 그리스도를 발견하게 된다. "우리 주 예수 그리스도로 말미암아 하나님께 감사하리로다." (롬 7:25)

이제 로마서 8장으로 넘어가보자. 로마서 8장은 해방을 통해서 들어가게 된 새로운 위치(new position)이다. "그러므로 이제 그리스도 예수 안에 있는 자에게는 결코 정죄함이 없나니."

바로 그리스도 예수 안에(in Christ Jesus)라고 하는 새로운 위치가 소개되고 있다. 이 시점에 오면, 나는 죄 사함을 받았을 뿐만 아니라, 내 속에 있는 죄sin, 즉 나의 나쁜 본성(육신)도 십자가에서 정죄를 받았음을 알게 된다. 정죄는 지나갔다. 자아의 죽음이 이루어졌기 때문이다. 이제 나는 해방되었다. 율법은 이러한 결과를 이룰 수 없었다.

로마서의 첫 번째 부분(롬 1장-롬 5장 11절까지)에서, 사람은 이러 저러한 일들을 행했다. 하지만 여기 두 번째 부분에서(롬 5:18) 우리는 "한 범죄로 많은 사람이 정죄에" 이르렀다는 결론에 도달하게 되었다. 개인적으로 우리는 우리가 지은 죄들sins의 몫을 가지고 있다. 이 외에도 우리는 공통적으로 죄sin에 참여하고 있다. 어떤 사람들은 로마서 7장에 나타난 죄sin 아래서 고통하고 갈등하는 경험을 건너뛰어서 바로 8장으로 들어가기를 바라지만, 그런 일은 가능하지 않을 뿐더러 그렇게 하는 사람은 자신이 실제로 어떤 사람인지 (얼마나 육신적인지) 모르게 된다.

신명기 16장에 보면, 이러한 주제들에 대한 매우 교훈적인 내용들을 볼 수 있다.

1) 유월절에 대한 교훈에서(1-8절까지), 우리는 기쁨이나 사귐을 발견할 수 없다. 그럼에도 그리스도는 우리를 위해서 죽

으셨고 우리는 정죄를 받지 않는다.

  2) 절기에 대한 교훈에서(9-12절까지), 이스라엘 백성들은 자신들의 손으로 자원하는 예물을 드렸고, 온 가족들과 더불어 여호와 앞에서 감사를 드렸다. 하나님은 이러한 규례들을 지켜 행할 것을 명령하셨다.

  3) 장막절에 대한 교훈에서(13-15절까지), 이것은 천년동안의 안식을 가리킨다. 이스라엘은 그들의 모든 물산과 그들이 손으로 행한 모든 일에 복을 받을 것이며, 온전히 즐거워하게 될 것이다.

  해방은 회심도 아니고, 또한 죄 사함도 아니다. 해방은 (그리스도의 십자가 죽음에 연합하는 믿음을 통해) 우리의 육신이 죽고, 그리스도께서 우리 생명이 되실 때 이루어진다. 우리가 성령으로 인침을 받을 때, 우리는 해방이 우리 자신에게 이루어진 것으로 알게 된다.

  해방은 우리가 무엇을 했는가의 문제가 아니라, 우리가 누구인가의 문제이다. 그리스도는 죽으셨고, 마찬가지로 나도 죽었다. 우리가 해방을 경험하려면 우리 마음의 바닥부터 우리 자신을 알아야만 한다. 이럴 때 죄^{sin}에 대하여 그리스도와 함께 죽는 것이 무엇인지 알게 된다. 이것이야말로 애굽에서 벗어나고 그 종살이에서 해방을 받는 길이다. 우리는 우리 자신을 신뢰해서는 안된다. 모세는 나가서 자기 형제들을 돕고자 자신의 힘으로 애굽 사람을 죽였다. 그렇게 하였을 때, 모세는 결코 자기 백성들에게 해방을 가져다 주지 못했고, 다만 바로의 얼굴을 피해 숨어야만 했다. 육신은 (해방의 역사를 경험하는데 있어서) 무가치하다. 모세는 자기 육신 속에 선한 것이 아무 것도 없다는 것을 배우는데, 미디안 광야에서 하나님과 홀로 있으면서 40년이나 걸렸다. 그제야 하나님이 자기 백성들을 애굽에서 해방시키는 일에 친히 자신의 입이 되어 주시고, 능력이 되어 주시는 것을 배울 수 있었다. 모세는 해방을 이루시는 하나님의 방법을 배워야만 했다. 해방은 자신의 힘으로 싸워서 쟁취하듯이 얻는 것이 아니라, 오히려 자신에 대해서 죽음으로써 경험하는 것이다. 육신은 여기에 아무 소용이 없다.

기독교의 시작점은 그리스도께서 부활하시고 영광을 얻으신 사실에 있다. 바울은 여기서 시작했다(행 9장 참조). 그리스도는 육신 안에 있는 사람을 십자가에 못박고 새 사람을 입게 해 주셨다. 이러한 해방에는 두 가지 특징이 있다. 하나는, 우리가 하나님 앞에서 완전한 자유를 얻을 때 해방이 온다는 것이다. 칭의에 대해서 말할 때, 나는 하나님이 의로우신 분으로 생각하면서, 내 영혼 속에 평안함을 느낀다. 만일 당신이 당신을 향한 하나님의 사랑에 대해서 알게 되었을 때, 평안함을 느낀다면 그것은 부분적으로는 해방을 가리키지만, 전체적으로 해방을 경험했다고 볼 수 없다.

16세기 저 위대한 종교개혁자들은 신자가 하나님 앞에서 의롭게 되는 진리를 보았다. 그들은 하나님의 공의가 만족이 되었다는 것은 보았지만, 다른 측면에서, 즉 그것이 하나님이 자신의 독생자를 내어주신 하나님의 사랑 안에서 된 일임을 이해하지 못했다. 애굽에서(출 12장) 하나님은 심판자의 특징을 가지고 계셨다. 하지만 홍해에서 하나님은 자신을 해방자로서 나타내셨다. "너희는…가만히 서서 여호와께서 오늘날 너희를 위하여 행하시는 구원을 보라."(출 14:13) 만일 이러한 주제들이 이해되지 않는다면, 당신은 요한복음 3장에 나타나 있는 하나님의 의와 하나님의 사랑에 대한 두 가지 측면을 보지 못하고 있는 것이다. 즉 요한복음 3장 14절은 하나님의 의(義)를 보여주고 "모세가 광야에서 뱀을 든 것같이 인자도 들려야 하리니", 요한복음 3장 16절은 하나님의 사랑을 보여준다. "하나님이 세상을 이처럼 사랑하사 독생자를 주셨으니." 이처럼, 해방의 역사는 하나님의 의와 하나님의 사랑, 두 가지에 터 잡고 있다.

현재 스웨덴에서 일어나고 있는 종교 운동을 보면, 그들은 종교개혁자들의 극단적인 형태를 취하고 있다. 그들은 하나님의 사랑만을 붙들고 있으며, 하나님의 의와 하나님과의 화해의 측면은 보지 못하고 있다. 이렇게 되면, 전적으로 죄^{sin}의 대한 의식은 상실하게 된다. 만일 내가 해방되었다면, 죄^{sin}가 더 이상 나를 지배하지 못한다. 나는 더 이상 죄^{sin}의 멍에 아래 있지 않고, 은혜 아래 있으며 하나님의 온전한 사랑을 누린다. 만일 내가 하나님을 향하여 산다면 나는 죄를 짓지 않는다. 이 말은 결코 완전성화를 가리키지 않는다. 게다가 그리스도인의 완전교리를 받아들일 필요도 없다. 이처럼 교리자체만을 받아들이게 되면, 당신은 단한번의 믿음을 행사함으로써 로마서 7장의 갈등 경험도 없이 로마서 8장으로 들어간 것으로 착각할 수 있다.

참 그리스도인이 되려면 우리는 반드시 로마서 7장을, 경험을 통해서 통과해야 한다. 로마서 7장 상태에 있는 사람은 분명 생명은 있지만 아직 해방을 경험하고 있지 못하고 있다. 그렇다면 이제 진짜 자신의 남편이 누구인지, 율법인지 그리스도인지를 알아야 한다. 이것은 새롭게 된 영혼에게 절대적으로 필요한 일이다. 이제 로마서 7장은 당신이 여전히 첫 번째 남편 아래 있음을 보여준다. 이것은 마치 누가복음 15장의 탕자의 경우와 같다. 즉 그는 멀리 타국에 있을 때 이미 회심했지만, 아직은 아버지의 집에 들어가기에 합당한 상태가 되지는 못했다. 이런 상태에 있는 사람은, 그야말로 로마서 7장 상태에 있는 사람이다. 우리가 마땅히 들어가야 하는 정상적인 상태는 하나님이 우리에게 전부가 되시고, 우리는 오직 하나님만을 생각하는 상태다. 마침내 탕자가 아버지의 품에 안겼을 때, 유일한 고려사항은 아버지의 기쁨이었다. 심지어 아들이 여전히 넝마와 같은 옷을 걸치고 있었음에도 아버지는 아들의 목을 끌어

안고 그에게 입을 맞추었다. 하지만 그런 상태에서 아들을 집에 데리고 들어갈 수는 없었다. 우선 그가 입고 있던 옷을 벗기고, 제일 좋은 옷으로 갈아입혔다. "주의 어떠하심과 같이 우리도 세상에서 그러하니라."(요일 4:17) 이런 것이 심판 날에도 완전한 안전을 보장해주는 우리의 담대함이다(요일 4:17 참조).

행복한 신앙생활을 하려면, 우리는 먼저 하나님이 우리를 그리스도 안에서 하나님의 의(義)가 되게 하셨다는 사실을 알아야 한다. 하나님을 향해서 이러한 영적 상태를 인식하는 것이 필요하다. 그렇게 되면 우리는 우리와 함께 하시는 하나님의 비밀을 가진 사람이 된다. 우리 영혼은 실제적으로 이러한 상태에 들어가야 한다. 주를 위한 사역에 수고하는 사람은, 사람이나 또는 사역 보다는 주님을 가까이 하는데 힘써야 한다. 그리스도인의 실제적인 상태에는 세 단계가 있다.

1) 로마서 6장과 골로새서 2장 20절과 3장 1-3절이다. 여기서 우리는 하나님이 그리스도인을 보시는 관점을 볼 수 있다. 즉 우리는 죽었고, 그리스도와 함께 십자가에 못박혔을 뿐만 아니라, 그리스도와 함께 살아 있다.

2) (해방의) 믿음은 자신을 죽은 자로 여기는 곳에서 시작된다(롬 6:11).

3) 고린도후서 4장 10,11절은 해방이 우리 삶에 실제적으로

나타나는 방법을 알려준다. "우리가 항상 예수 죽인 것을 몸에 짊어짐은 예수의 생명도 우리 몸에 나타나게 하려 함이라 우리 산 자가 항상 예수를 위하여 죽음에 넘기움은 예수의 생명이 또한 우리 죽을 육체에 나타나게 하려 함이니라." 만일 내가 예수님의 죽으심을 내 몸에 적용하지 않는다면, 그리스도의 생명은 내게서 나타날 수가 없다.

우리의 목표는 영광을 받으신 그리스도다. 그러므로 우리는 이 땅에서 완전에 이를 수 없다. 우리는 항상 더욱 그리스도를 온전히 닮고자 하지만, 결코 그리스도와 같은 완전을 소유할 수는 없다. 물론 우리는 그리스도 안에서 이미 영광 안에 있다. 그리스도는 죽으셨고, 그러므로 나도 죽었다. 그리스도는 다시 살아나셨고, 나 또한 다시 살았다. 사도행전 2장 33절, "하나님이 오른손으로 예수를 높이시매 그가 약속하신 성령을 아버지께 받아서 너희 보고 듣는 이것을 부어 주셨느니라"를 보면, 우리는 그리스도께서 하나님의 우편에 앉으시기 전까지는 인침을 받을 수가 없었음을 볼 수 있다.

The Bible Herald, 1879, pp11-18.

제 3장

영적 해방과 거룩

"로마서 7장 14절에서 "우리가…알거니와"라는 구절은 이성적인 작용을 가리키지만, "내가"라는 구절은 개인의 경험을 가리킨다. 이처럼 경험에 의해서 자신이 누구인지에 대한 인식이 없다면, 영적 해방을 이해할 수가 없게 된다. 나는 단지 이성적 작용만으로 나 자신에 대해서 죽을 수는 없다. 해방을 실제적으로 경험하려면 영적인 실재, 즉 실제적인 경험이 있어야만 한다. 그리스도와 합하여 죽었다면, 그 사람은 아무 힘도 없게 된다. 그래서 "오호라 나는 곤고한 사람이로다 이 사망의 몸에서 누가 나를 건져내랴?"고 탄식하게 된다."

"나는 지금 회심한지 20년 정도 되었다. 영적 해방을 경험하지 못했을 때, 성령님의 뜻 가운데 동행하면서 누리는 기쁨과 축복에 대해서 알지 못했다. 내가 지금까지 믿음으로 순종하면서 걸어온 삶을 돌이켜보건대, 만일 해방을 경험하지 못했다면 과연 결과가 어떻게 달랐을까를 생각해본다."

Letters of J. N. Darby 1:285

제 3 장
영적 해방과 거룩

자유 또는 해방과 그것의 실현 사이에는 차이가 있다. 영적 해방은 교리의 문제가 아니라 경험의 문제이기에, 죄의 멍에를 절실하게 느껴본 일이 없다면 당신은 해방 받을 수 없다. 당신 자신의 양심 속에 많은 죄 문제를 고심하지 않아도, 죄 사함을 받는 일은 가능하다. 하나님의 사랑이 우리가 지은 죄들^{sins}을 용서하시는 것으로 나타났음을 볼 수 있지만, 우리가 진정 누구인가, 즉 나 자신이 얼마나 육신적인 사람인가에 대한 의식이 없다면, 자기 속의 죄^{sin}의 존재 또는 죄성을 느끼지 못할 수가 있다.

우리의 상태에 따라서 이러한 것들을 생각해볼 때, 우리는 이러 저러한 방식으로 항상 율법 아래 떨어지게 된다. 율법은 다양한 관계 속에 놓여 있는 우리의 의무들을 기억나게 해준다.

하지만 율법이 "탐내지 말라"고 말한다면 그것은 탐욕의 뿌리를 터치하는 것이며, 마음 속에 악이 자리를 잡고 있음을 드러내는 것이다. 그럼에도 율법은 사람이 잃어버린 바 되었다는 사실을 말하지 않고, 다만 그 결과를, 즉 우리가 율법을 지킬 수 없다는 사실만을 드러내줄 뿐이다. 어떤 사람들은 야고보서 1장 14,15절 "오직 각 사람이 시험을 받는 것은 자기 욕심에 끌려 미혹됨이니 욕심이 잉태한즉 죄를 낳고 죄가 장성한즉 사망을 낳느니라"는 구절을 인용하면서 의지가 동의하지 않는 한 욕심은 더 이상 나아가지 않기에, 욕심 자체는 죄가 아니라고 주장한다. 하지만 여기 야고보서에서 말하는 죄는 외적인 죄를 가리킨다. 반면 로마서 7장 8절 "죄가 기회를 타서 계명으로 말미암아 내 속에서 각양 탐심을 이루었나니"에서 말하는 죄는 욕심을 자극하는 죄를 가리키며, 이 죄^{sin}가 모든 죄와 탐심의 원인과 뿌리가 되는 것이다.

나 자신이 정말 누구인가를 발견했을 때, 그것은 나 자신의 실체에 대한 지식일 뿐만 아니라 하나의 경험이다. 나는 정말 선을 행하고픈 의지가 있다. 하지만 선을 행할 수 없는, 선을 행하는데 무기력한 나 자신을 발견한다.

로마서 7장 14절에서 "우리가…알거니와"라는 구절은 이성적인 작용을 가리키지만, "내가"라는 구절은 개인의 경험을 가리킨다. 이처럼 경험에 의해서 자신이 누구인지에 대한 인식이 없다면, 영적 해방은 이해할 수가 없는 것이 된다. 나는 단지 이성적 작용만으로 나 자신에 대해서 죽을 수는 없다. 해방을 실제적으로 경험하려면 영적인 실재, 즉 실제적인 경험이 있어야만 한다. 그리스도와 합하여 죽었다면, 그 사람은 아무 힘도 없게 된다. 그래서 "오호라 나는 곤고한 사람이로다 이 사망의 몸에서 누가 나를 건져내랴?"고 탄식하게 된다. 내가 선을 행할 수 없다는 사실을 깨달은 후에야, 비로소 나는 내가 그리스도 안에서 죽었음을 보게 된다. 실제적인 의미에서 내가 죽었다고 말할 수 있으려면, (이렇게 말하려면 이미 죄 사함을 받은 경험이 있어야만 한다. 지금 말하고 있는 해방은 죄 사함과는 다른 내용이다.) 그것은 내 안에서 무언가 일어난 것이다.

로마서 7장은 죄^{sin}에 대하여 죽은 상태가 아니다. 그렇기 때문에 나는 승리를 경험할 수가 없다. 이제 당신은 경험을 통해서 해방을 알게 된다. 그러면 나는 내가 아무 것도 할 수 없다는 사실을 확증하게 되고, 내 속에 선한 것이 거하지 않는 줄 알게 된다. 만일 당신이 자신의 무능력성에 대한 경험적인 지식에 이르지 못했다면, 당신은 오랜 동안 이 로마서 7장 상태에 머물게 될 것이다. 이제 당신은 진정 자신이 누구인가를 발견했는가? 당신은 진정 당신이 지금까지 배운 내용들을 실제적으로 경험하고 있는가?

그렇다면 로마서 7장은 참 그리스도인의 상태가 아니다. 로마서 7장은 오직 한 가지, 자아에 대한 생각으로 가득하다. 하지만 우리는 그리스도를 더 많이 생각해야 하고, 우리가 하나님 앞에서 그리스도 안에 있는 존재임을 생각해야 한다.

많은 사람들이 거룩과 칭의(하나님 앞에서 의롭다고 인정을 받는 일)를 혼동하고 있다. 다음 구절을 주목해보자. "거룩함을 좇으라 이것이 없이는 아무도 주를 보지 못하리라."(히 12:14) 이러한 거룩을 추구하는 사람들은, 사실은 자신들이 칭의를 추구하고 있다는 사실을 깨닫지 못하고 있다. 만일 어떤 사람이 하나님 앞에서 안식을 누리고 있지 못하다면, 그 사람이 정말 필요로 하는 것은 칭의다. 반면 거룩은 자기 속에 있는 악을 정죄하고 심판함으로써 오는 것이다.

우리가 의롭다 함을 받게 되면, 우리는 악을 미워하게 된다. 이렇게 악을 미워하는 것, 이것이 거룩이다. 거룩은 나로 하여금 "그것은 악한 것이다. 얼마나 혐오스러운가!" 라고 말하게끔 해준다. 문제는 칭의가 우선적으로 해결되어야 하며, 그 후에야 거룩이 올 수 있다는 것이다. 당신이 해방을 경험하기 전까지는 이 두 가지를 혼동할 수 밖에 없다. 칭의가 잘 정의되지 않는 한, 참된 거룩이 임하는 것은 불가능하다. 하나님이 나를 받아주심(용납해주심)은 소극적인 의미에서는 나의 죄들이 제거되었다는 뜻이고, 적극적인 의미에서는 내가 "(하나님의) 사랑하는 자 안에서 열납되었다" 는 뜻이다.

히브리서에서 말하고 있는 성화는 베드로전후서나 다른 서신서에서 말하고 있는 것과는 차이가 있다. 성령님은 우선 그리스도의 사역을 통해서 신자들을 거룩히 구별시키신다. (이것은 신분적인 성화를 가리킨다.) 그리고 나서 실제적인 성화를 경험하게 된다. 성경은 "주의 어떠하심과 같이 우리도 세상에서 그러하니라"(요일 4:17)고 말씀하고 있다. 여기서 주의할 점은 주의 어떠하심은 과거형이 아니라 현재형이라는 것이다. 하늘에 계신 그리스도는 우리가 좇아야 할 실제적인 성화의 표본이시며, 이러한 의미에서 성화는 항상 점진적이라고 말할 수 있다. 이 세상을 살아가는 동안, 내가 걸어가는 모든 신앙 생활의 걸음마다 나는 항상 그리스도의 영광을 더욱 발견한다. 구약성경 레위기 14장을 보면, 문둥병자를 정결케 하는 일에 피가 우편 귓부리와 우편 엄지 손가락과 우편 엄지 발가락에 발라졌다. 이것은 나의 행실에서 그리스도의 피와 조화를 이루지 못하는 일은 전혀 해서는 안된다는 것을 의미한다.

로마서 6장 11절에 따르면, 나는 이미 죽은 사람이 되었고, 그리스도의 생명으로 사는 사람이 되었다. 고린도후서 1장 8-10절에 따르면, 사도 바울은 자신을 죽은 사람으로 여겼다. 특히 바울은 박해 앞에서 그렇게 했다. 사도 바울은 항상 "예수 죽인 것"(고후 4:10)을 몸에 짊어지고 다녔다. 그렇게 함으로써 "예수의 생명"도 자기 속에 나타나게 하려는 것이었다. 만일 죽음이 우리에게 절대적으로 필요하다면, 그것은 우리 속에 항상 악이 존재하고 있음을 의미한다. 고린도후서 4장 10,11절과 1장 8-9절을 비교해보면, 우리는 사도 바울이 이미 죽음에 넘겨졌던 사람이었기 때문에, 죽음이 항상 바울을 따라 다녔다는 것을 보게 될 것이다.

"생명은 너희 안에서"(고후 4:12)라는 말은 바울의 생명이 고린도인들과 연결되어 있음을 의미한다. 기독교는 바울에게는 실제였다. 거절을 당하신 그리스도, 그리고 이제는 하늘에 계신 그리스도와 바울이 맺고 있는 모든 관계는 하늘에 있었다(고후 4:18). 이 말은 사도 바울이 결코 실패한 일이 없었다는 뜻이 아니다. 실제적인 거룩에서 진보가 나타나려면, 거기에는 바른 수단들이 필요하다. 예를 들자면, 기도, 깨어 경성함, 말씀의 연구 등이 필요하다. 하지만 보다 중요한 원칙적인 것은 성화의 척도, 즉 그리스도의 장성한 분량에 이르는 것을 목표로 삼고, 그것을 추구해야 한다는 것이다.

당신은 자신을 죽은 자로 여기고 있는가? 많은 그리스도인들이 자신을 죽은 자로 여기는 것에서 신앙생활을 시작하지 않고 있다. 그것을 실제적으로 경험하도록 하자. 우리는 종종 고난을 받는다. 하지만 우리가 신실하기 때문이 아니라, 사실은 몸의 행실을 죽여야 할 필요성 때문인 경우가 더 많다. "만일 그리스도 안에서 우리의 바라는 것이 다만 이생뿐이면 모든 사람 가운데 우리가 더욱 불쌍한 자리라."(고전 15:19) 로잔 번역본은 이 구절을 잘못 번역했다. 마치 그리스도로는 충분하지 않다는 의미를 전달하고 있기 때문이다. 일반적으로 이 구절에 대한 번역은 영적인 지각을 필요로 한다. 분명한 것은 이생의 삶 뿐이라면, 바울은 이 세상에서 가장 불쌍한 사람이 된다. 그는 매맞고, 박해를 받고, 하나님 앞에서 항상 죽은 자로 살았다. 우리가 원하는 것은 무엇인가? 돈, 지위, 명예, 혹은 그밖의 것들인가? 솔직히 말해서 죽기를 바라는 사람이 누가 있는가? 몸에 항상 죽음을 짊어진다는 것은 기꺼이 그리스도께서 우리의 모든 것이라고 말하는 것이다. 우리 모두는 실패하지만, 이것은 사실이다. 하지만 최소한 이상과 같은 내용들을 공부하도록 하자. 당신은 우리가 죽었다는 것을 보았는가? 그렇다면 이제는 산 자처럼 행동해야 하지 않겠는가?

갈라디아서 2장 19-20절을 보면 "내가 율법으로 말미암아 율법을 향하여 죽었나니" 라고 말한다. 율법은 바울을 죽음에 처하게 했지만, 그리스도는 대신해서 정죄를 당하셨다. 이에 바울은 죽음은 경험했지만 정죄는 받지 않았다. 그리고 나서 매우 긍정적인 말로 "내 안에 그리스도께서 사신 것이라"고 말했다. 이러한 목표를 가지고 살아가려면, 이러한 믿음의 경주를 경주하려면, 우리는 우리 앞에 그리스도를 모셔야 한다. 영적인 삶에는 우리가 살기 위해서 죽고, 또 죽기 위해서 사는 작용과 반작용의 역사가 있다. 기독교의 수준은 잘못된 가르침으로 인해서 저급화되어 왔다.

사람들은 성령의 기름부음과 인침 사이의 차이점이 무엇인지 알고 싶어 한다. 그것은 동일한 것이다. 그리스도는 기름부음을 받으셨을 뿐만 아니라 인침을 받으셨다. 레위기 14장에 보면 문둥병자는 먼저 물로 씻었고, 그후에 피로 뿌림을 받았으며, 마지막으로 기름을 발랐다. 누구라도 그리스도의 보혈의 가치를 온전히 믿으면서 인침을 받지 못한다는 것은 가능하지 않다. 그리스도의 피가 우리에게 가져다 준 하나님 앞에 서 있는 우리의 신분, 지위에 대해서 알지 못하는 사람들은 다만 소망할 뿐이다. 자신이 진짜 하나님의 자녀인지 확신을 가지고 있지 않다고 말하는 그리스도인들에게 이렇게 말하고 싶다. 당신이 자녀인지 확신할 수 없는데, 어째서 당신은 하나님을 아버지라고 부르는가? 정말 그렇다면, 당신은 하나님을 아버지라고 부르지 말라. 하나님과 자신과의 관계를 정확히 알지 못하면서 하나님을 아버지로 알고 기뻐하는 영혼들이 있다. 어쨌든 중요한 것은 그들도 그것을 사실로 소유하고 있다는 것이다.

기독교계는 성령의 임재를 믿지 않고 있는듯 하다. 성령의 다양한 역사와 성령의 임재를 혼동하고 있다. 오순절 이전에도 신자들은 존재했지만, 그들은 아직 에베소서 1장 13절에서 말씀하는 것처럼 성령을 받지 못했다. 하나님은 이미 존재하고 있는 믿음을 인치신다. 하나님의 아들이 보내심을 받았고 그래서 이 땅에 오셨듯이, 성령님도 보내심을 받았고 또 오셨다. 신구약 모든 세대에 걸쳐서 무슨 일이 이루어졌다면, 심지어 창

조의 역사도(창 1:2, 고후 5:17), 그것은 성령의 역사에 의한 것이다. 하지만 성령의 내주하심은 전혀 별개의 문제이다. 요한복음 20장 22절에서 부활하신 주님이 제자들을 향하여 숨을 내쉬며 "성령을 받으라"고 말씀하셨을 때, 그것은 성령의 내주에 대한 약속의 성취가 아니었다. 왜냐하면 그리스도께서 아직 영광을 얻지 못하셨고, 성령의 내주는 그리스도께서 영광을 얻으신 후에 성취되는 약속이었기 때문이었다. 이 일은 우리 주님의 "부활 생명의 호흡으로서" 요한복음 10장 10절에서 말씀하신 *더 풍성한 생명*을 주시는 사건이었다. 이것을 하나님이 아담에게 불어넣으신 생기와 비교해보라. 주님이 제자들에게 숨을 내쉬며 성령을 불어넣으실 때, 제자들은 그리스도의 사역을 이미 믿고 있었다. 하지만 주님은 아직 영광을 받지 못하신 상태였다. 이제 사도행전 1장 8절을 보면, "오직 성령이 너희에게 임하시면 너희가 권능을 받고(ye shall receive power after that the Holy Ghost is come upon you)" 라고 되어 있고, 로마서 8장에는 생명과 성령이 함께 나타나 있다. 2절에서 성령님은 생명의 영이시고, 9절에서 성령님은 하나님의 영이시며, 또한 그리스도의 영이시다. 성령님은 그리스도를 근원과 흐름으로 하고 있다. 그 둘을 나눌 수 없다. 하나님에게 속한 것들을 배우거나 가르칠 때 진리의 한 쪽 측면만을 강조하는 사람들은 그 본질을 변경시킬 위험이 있다.

The Bible Herald, 1879, pp29-34.

제 4장

영적 해방의 근거

"당신이 성경을 제대로 배우기만 한다면,
당신의 양심을 각성시키기 위해서 준비된
로마서 7장을 이내 통과하게 될 것이다.
그렇지 않다면,
조만간 당신은 로마서 7장 상태의 영적 곤고함 가운데
떨어지게 될 것이다.
영적 해방을 경험하려면 당신은 로마서 7장을 통과해야만 한다."

"해방을 경험적으로 아는 사람은 소수이다. 해방을 통해서, 벌레만도 못한 존재인 나를 하나님은 그리스도를 사랑하시는 것과 똑같이 나를 받아주시고 호의를 베푸신다는 것을 알게 된 것은 엄청난 일이었다."

Letters of J. N. Darby 3:90

제 4장
영적 해방의 근거

우리에게 그리스도 안에서 자유를 주는 것은 성령의 인침이다. "주는 영이시니 주의 영이 계신 곳에는 자유함이 있느니라."(고후 3:17) 게다가 해방의 근거는 그리스도께서 이루신 완성된 사역이다. 성령의 역사와 우리의 믿음에 의해서, 우리는 이 땅에 살지만 우리 자신을 죽은 자로 여길 수 있다. 실제적인 사실로서 나는 죽지 않았지만, 믿음으로서 나 자신을 죽은 자로 여길 수 있다. 예수님이 부활하신 후 40일 동안 지상에 계시는 동안, 주 예수님은 이 땅에서 부활하신 사람으로 계셨다. 우리 몸이 아직 부활을 경험한 것은 아니지만, 우리는 그처럼 부활한 사람으로 살 수 있다.

로마서는 내게 구속redemption을 이해할 수 있도록 해주었다. 피가 하나님 앞에 있다. 나는 홍해를 건넜다. 즉 그리스도의 죽음과 부활에 동참했다. 성령님은 신자들에게 이 사실을 실제화 해주신다. 에베소서에 보면, 우리는 하늘에 앉아 있다. 내가 그리스도와 함께 죽었음을 - 모형적으로 - 확인하기 위해서 나는 요단강을 (영적으로) 건널 필요가 있다. 광야는 본래 하나님의 계획의 일부는 아니었다. 광야는 우리가 통과해야 하는 과정이며, 거기서 우리 자신의 실상과 진면목을 발견하게 된다. 하나님이 우리를 위하신다. 광야는 학교다. 출애굽기 3장 8절, 6장 7-8절, 15장 16-17절을 읽어보면, 광야는 하나님의 계획을 이루기 위해서 통과해야 하는 것으로 보인다. 이스라엘 백성들은 사실 가나안 땅에 들어가고자 애굽에서 구속함을 받았다. 광야에 대한 언급은 없었다. 이것은 십자가에 달렸던 강도에게서 일어난 일이었다. 그는 회심하자마자 광야의 경험 없이 낙원으로 옮겨졌다. 그는 바로 옮겨지는 것을 경험했다. "나의 애굽 사람에게 어떻게 행하였음과 내가 어떻게 독수리 날개로 너희를 업어 내게로 인도하였음을 너희가 보았느니라."(출 19:4) 우리 또한 처음부터 하나님의 임재 가운데로 나아왔어야 했다. 지금 당장 영광을 얻는 것은 아니지만, 그렇게 해야 한다. 이러한 의미에서 구원은 과정을 통해서 이루어지는 것이 아니라, 단번에 이루어지는 것이다.

이제 우리는 구속과 영광 두 사이에 끼어 있다. 이스라엘 백성들은 곧장 가나안 땅에 들어가지 못하고, 징계를 받아 광야에서 38년 동안 세월을 보내야 했다(민 13장, 14:25 참조). 하나님은 "너희가 올라 가기를 주저하느냐? 그렇다면 다시 돌아가라"고 말씀하셨다. 십자가에 달린 강도는 믿자 마자 낙원에 들어갈 준비가 되었다. 하나님은 "우리로 하여금 빛 가운데서 성도의 기업의 부분을 얻기에 합당하게"(골 1:12) 해주셨다. 광야의 삶은 시내 산에서 시작되었고, 아론의 죽음으로 끝나게 되었다. 시내 산에 이르기까지 모든 것이 은혜였다. 광야가 무엇인지 알고 싶다면, 신명기 8장을 읽어보라. 그러면 두 가지 사실을 보게 될 것이다. 1) 사람이 시험을 받음과 2) 구속받은 백성들을 향한 하나님의 보호와 인내하심이다. 이것이 우리를 위하여 하나님이 하시는 일이다.

피가 우리와 하나님 사이에 있음을 이해했다면, 하나님은 자신을 우리에게 심판자로서 제시하신다. 사망과 부활을 통해서 하나님은 자신을 해방자로서 제시하신다. "너희는 두려워 말고 가만히 서서 *여호와께서 오늘날 너희를 위하여 행하시는 구원을 보라* 너희가 오늘 본 애굽 사람을 또 다시는 영원히 보지 못하리라 여호와께서 너희를 위하여 싸우시리니 너희는 가만히 있을지니라."(출 14:13-14) 그리스도의 해방의 역사를 통해서 하나님은 사람을 - 비록 영광에 들어가지는 못했지만 - 하나님 앞에서 전혀 새로운 지위에 두신다. 하나님은 나를 더 이상 대적하지 않으실 뿐만 아니라, 나를 사망과 심판 너머에 있는 자리에 두신다. 이제 그리스도께서 나를 위해서 돌아가셨다는 사실을 알고 믿자마자, 나는 즉시 성령을 받는다. 나는 보혈의

가치로 인해서 성령으로 인침을 받는다. 이제 나는 아버지와의 관계에서 자유로움을 누린다. 그리스도는 자신의 위격의 탁월성 때문에 인침을 받으셨다. 하지만 죄인으로서 우리는 그리스도의 피의 가치 때문에 인침을 받는다. 로마서 7장은 노예 상태에 있는 사람의 경험을 보여준다. 로마서 8장은 영적 자유를 얻은 사람의 경험을 보여준다. 자신이 해방을 경험했다고 생각하는 영혼들이 있다. 그들은 자신들이 죽었고 다시 살아났다고 말한다. 하지만 실제로는 그렇지 않은 경우가 허다하다.

로마서 5장 1-11절은 로마서 전체 주제보다 더 나아간다. 왜냐하면 이 부분은 전체 주제를 넘어서고 있기 때문이다(11절). 이스라엘 백성들이 하나님 앞에 이르게 된 것이 최종 결론이다. 이것이 최종 결론일진대, 여기서 더 나가는 일은 불가능하다. 우리가 이 지점에 이르렀다면, 우리는 하나님이 누구신지, 그리고 하나님으로서의 그분의 본성을 알게 되고, 이제는 하나님 안에서 즐거워하게 되기 때문이다. 로마서 7장은 우리가 누구인가에 대한 경험을 다룬다. 로마서 8장은 우리를 위하시는 하나님이 누구신가에 대한 것과 하나님 앞에서 나의 위치와 나의 특권이 무엇인가에 대해서 다룬다. 내가 누구인가를 아는 것이 한 측면이고, 하나님이 누구신가를 아는 것이 또 다른 측면이다.

종교에 속한 사람들은 이렇게 가르침을 받고 있다. "나는 이것을 느낍니다. 나는 저것을 경험합니다." 이런 식으로 모든 문장의 주어 부분에 하나님이 아닌, 내가 등장한다.

이것은 누가복음 15장의 탕자가 아버지를 만나기 전의 상태와 같다. "나는 여기서 주려 죽는구나…내가 일어나 아버지께 가서 이르기를…내가 하늘과 아버지께 죄를 얻었사오니."(눅 15:17-18) 하지만 그가 아버지를 직접 뵙게 되었을 때에는 그는 더 이상 "내가"라는 말을 할 필요가 없었다. 다만 아버지와 함께 하는 것, 그 자체를 누릴 뿐이었다. 즉 아버지가 누구신가를 누릴 뿐이었다. 탕자는 더욱 행복감을 맛보았다. 탕자의 행복은 다만 아버지에게 달려 있었다. 그분의 사랑, 그분의 은혜, 그분의 기쁨에 달려 있었다. 가서 다른 그리스도인들에게 "여러분은 성령의 전입니다"라고 말해보라. 당신은 그들을 겁주는 존재가 될 것이다.

로마서 5장 12절은 전적으로 새로운 논지를 시작한다. 우선적으로 그 부분은 개인들의 죄 문제를 다루면서 무엇이 사람의 바른 행실인가를 논한다. 그후에 사람의 상태, 아담의 죄를 다룬다. 즉 사람의 불순종을 다룬다.

내가 지은 죄들sins에 대해서 생각하면, 나는 하나님의 심판에 대한 두려움을 느낀다. 죄sin 자체에 대해서 생각하면, 나는 내가 잃어버린 바 된 존재임을 인정할 수 밖에 없다. 만일 성령님이 신자 속에 계신다면, 열매가 나타날 것이다. 자녀가 자기 아버지를 알고 또 아버지에게 모든 것을 의존하는 것처럼, 당신은 그렇게 하늘 아버지를 알고 있다. 그럼에도 당신은 아버지를 어떻게 설명할 수 없을지도 모른다. 오순절 이후 성령님이 없었다면, 새 생명도 존재할 수 없었을 것이다. 하지만 나 자신은 성령님 없이 7년의 세월을 보냈고, 또한 성령님 없이 30년을 보낸 사람을 알고 있다. 나 자신을 좋은 본보기로 삼고 싶지는 않다. 만일 하나님과 함께 하는 자유를 누리고 있지 않다면, 그것은 내가 복음을 온전히 이해하고 있지 못하다는 표시이거나, 아니면 믿음의 방패를 들고 있는 손을 늘어 뜨리고 있는 상태이다. 즉 사탄에게 빌미를 제공하고 있는 상태인 것이다.

자신의 상태를 지속적으로 판단하는 것이 중요하다. 그렇게 하지 않는 사람은, 장래 우리가 서게 될 그리스도의 심판대를 생각할 때 자유를 누리지 못할 것이며, 행복감을 맛볼 수도 없을 것이다(고후 5:10).

바울은 이 점에 있어서 걱정하지 않았다. 오히려 다른 사람들을 걱정했다. 아직 회심하지 않은 사람들을 걱정했으며, 불신자들을 염려했다. 이것이 참 그리스도인의 정상적인 상태다. 사도 바울은 자신이 이미 그리스도의 심판대에 서있는 것처럼 행했다. 당신 또한 심판대 앞에 서게 될 것을 염두에 두고 선한 양심을 가져야 한다. 그 일은 당신으로 하여금 복음을 다른 사람들에게 열심히 전하게끔 해줄 것이다. 나의 영혼은, 하나님이 빛 가운데 계신 것처럼 빛 가운데 있게 될 것이고, 장차 그리스도의 심판대는 모든 것을 빛 가운데서 드러낼 것이다. 교리적으로 말하면, 우리는 다 그리스도의 심판대 앞에 서게 될 것이다. 그러므로 바울은 자신을 항상 심판대 앞에 세웠다. 하지만 우리 영혼은 하나님 앞에서 우리의 지위에 대해 분명하지 않을 수 있다. 많은 경우, 심판대를 생각하면 마음이 편하지 않다. 왜냐하면 "우리가 다 반드시 그리스도의 심판대 앞에 드러나 각각 선악간에 그 몸으로 행한 것을 따라 받으려 함이라" (고후 5:10)는 구절이 두려움을 주기 때문이다. 만일 내가 풍성한 상급을 받게 될 것이 확실하다면, 과연 나는 두려움을 가질 것인가? 그렇다면 우리가 그리스도의 심판대에 서게 될 것을 생각할 때 행복감을 느끼지 않겠는가? 만일 내가 그 날에 주와 같은 형상으로 변화될 것을 확신하고 있다면, 나는 행복하지 않을 이유가 없을 것이다. 교리를 이해하는 것은 어렵지 않다. 하지만 양심이 선하지 않다면, 당신은 자유 가운데 있는 것이 아니다. 양심은 반드시 유지되어야 한다. 자신의 온전하지 못한 삶 때문에 두려움에 떠는 영혼들이 있다. 이것은 사실이다. 하지만 죽음의 시점에 가면 행복감을 찾을 것이다. 심판대에 대한 두려운 생각은 두 가지 원인에서 생긴다. 하나는 해방의 경험의 부재이고, 다른 하나는 선한 양심의 부재이다.

만일 우리가 방해받지 않는 사귐을 바란다면 사도 바울이 행했던 것처럼 행할 필요가 있다. 즉 몸을 쳐서 복종케 하는 것이다. "내가 내 몸을 쳐 복종하게 함은 내가 남에게 전파한 후에 자기가 도리어 버림이 될까 두려워함이로라."(고전 9:27) 우리 자신을 판단하게 되면, 주님은 우리를 징계하지 않으실 것이다. 만일 우리가 우리 자신을 판단하는 일을 하지 않는다면, 주님은 우리를 징계하실 것이다. 사탄이 행하는 일을 판단하는 것으로 충분하지 않다. 우리는 주님이 베드로를 회복시키기 위해서 그에게 그렇게 행하실 수 밖에 없었던 상황을 이해할 필요가 있다(요 21장).

우리가 근원을 조사하지 않는다면, 뿌리를 판단하지 않는다면, 똑같은 일이 반복될 것이다. 주님은 베드로에게 "네가 나를 세 번이나 부인했다"고 말씀하지 않으시고, 대신 "네가 이 사람들보다 나를 더 사랑하느냐?"고 물으셨다. 베드로의 근본적인 문제는 자신을 너무 과신한데 있었기 때문이다.

성경에는 여러 차례 "만일~하면"이 등장한다. 우리의 구원에 대해서 말씀할 때에는, 우리의 구원은 완료형이다. 우리는 구원을 소유하고 있다. 구원은 우리의 소유이며, 모든 것이 완성되었다. 하지만 골로새서 1장 23절 "만일 너희가 믿음에 거하고 터 위에 굳게 서서 너희 들은 바 복음의 소망에서 흔들리지 아니하면 그리하리라", 히브리서 3장 6절 "그리스도는 그의 집 맡은 아들로 충성하였으니 [만일] 우리가 소망의 담대함과 자랑을 끝까지 견고히 잡으면 그의 집이라"는 구절과 같이, 천상을 향한 삶을 말할 때에는 비록 하나님이 우리를 끝까지 지키실 것이라는 약속을 하고 계시지만 "만일~하면"이라는 조건이 붙는다. 이것은 우리에게 책임 문제를 일깨워준다. 나는 자주 위험에 처할 것이지만, 그럼에도 나는 하늘에 이를 것이라는 확신을 가지고 있다. 우리 신앙의 최종 결말을 책임지는 것은 하나님의 신실함이다. 이리(늑대)가 양들을 해칠 것이지만, 주님의 손에서 빼앗지 못한다. 그러한 "만일~하면"은 나로 하여금 주님을 지속적으로 의지하도록 해준다. 주님은 결단코 의인에게서 눈을 돌리시는 법이 없다. 이것은 마치 욥이 잘못 행하고 있을 때에 주님이 욥에게 하신 일을 통해서 확증할 수 있다.

그리스도인들을 위한 그리스도의 제사장 직분은 두 가지 방식으로 실행된다. 히브리서에 보면 그리스도의 제사장 직분은 우리의 연약함을 위한 것이다. 하나님의 임재의 기쁨 속에서 우리를 지키고자 하시는 하나님의 방법이다. 다른 하나는, 요한일서 2장 12절에 있다. 우리가 죄를 범하면, 아버지 앞에서 우리에게 대언자가 있다. 주님은 베드로가 타락하지 않기를 기도하신 것이 아니라, 베드로의 믿음이 실패하지 않도록 기도하셨다. 결과적으로 주님은 실망하지 않으셨다. 베드로는 유다처럼 나가서 목을 매지 않았다. 은혜의 보좌는 우리의 부족과 우리의 결핍을 위해서 존재한다. 우리는 항상 그곳에 나아갈 수 있고, 항상 하나님께 가까이 할 수 있다(히 4:16). 자비 또는 긍휼은, 우리가 항상 필요로 하는 것이다. 우리 같이 연약한 피조물에게 더욱 필요하다(유 21, 딤후 1:18, 개인들에게 보낸 기타 서신들 참조).

많은 그리스도인들이 성령의 역사와 성령의 인침을 구분하지 못하고 있다. 그 차이점을 분명히 보지 못하고 있다. 성령의 인침을 받기 전에도 성령님은 (우리 밖에서) 우리 영으로 더불어 우리가 하나님의 자녀인 것을 증거하신다. 성령의 인침을 통해서 우리는 (우리 속에 성령을 모심으로써) 성령의 전이 된다.

기독교를 다른 종교와 구분하는 것은 회심한 영혼들이 많다는 사실에 있지 않다. 왜냐하면 구약시대, 즉 아벨 이후부터 회심한 영혼들은 계속해서 존재했기 때문이다. 하지만 이제는 신성한 인격체이신 성령님이 계신다. 성령님은 신자를 인치시고 또 그 속에 내주하시기 위해서 하늘로서 보내심을 받았다. 성령님이 이 땅에 오시기 전에도 회심한 사람들이 있었다. 그리고 나서 "너희가 아들인 고로 하나님이 그 아들의 영을 우리 마음 가운데 보내사 아바 아버지라 부르게 하셨다." (갈 4:6) 성령을 달라고 구하는 것은 옳지 않다. 이는 모자를 이미 쓰고 있는 사람이, 그 사실을 망각한 채 모자를 찾아 두리번 거리는 것과 같다. 하지만 성령의 충만을 구하는 것은 또 다른 문제이다. 로마서 8장 9절은 중요한 구절이다. "누구든지 그리스도의 영이 없으면 그리스도의 사람이 아니라." 만일 당신 속에 성령님이 계시지 않다면, 당신은 그리스도인의 지위(the Christian position)에 있지 않다. 그리스도인의 상태에 있지 않다면 하나님은 당신을 그리스도인으로 인정하지 않으신다.

당신이 교리문답서를 공부했다면, 하나님을 "우리 아버지"로 부르도록 교육을 받았을 것이다. 하지만 이것은 인격적인 바른 관계로 볼 수 없다. 당신이 성령을 받으려면 우선적으로 죄 사함을 받아야만 한다. 사도 베드로의 말을 살펴보자. 베드로는 "너희가 성령을 받을 때에 그 이름을 힘입어 죄 사함을 받는다"고 말하지 않았다. 오히려 "저를 믿는 사람들이 다 그 이름을 힘입어 죄 사함을 받는다"고 말했다. 그리고 나서 성령님이 임했다(행 10:43,44 참조). 이것은 *죄 사함 후에 성령을 받게 되는 것*이란 사실을 말해준다. 게다가 사도행전 2장 38절에서도 "너희가 회개하여 각각 예수 그리스도의 이름으로 세례를 받고 죄 사함을 얻으라 그리하면 성령을 선물로 받으리니"라고 말했다.

지금까지 제대로 배워왔다면, 당신은 이내 당신의 양심을 각성시키기 위해서 준비된 로마서 7장을 통과하게 될 것이다. 그렇지 않다면, 조만간 당신은 로마서 7장 상태의 영적 곤고함에 떨어지게 될 것이다. 영적 해방을 경험하려면 당신은 로마서 7장을 반드시 통과해야만 한다.

우리가 행한 바에 따라 하나님의 심판을 불러 오는 것은 율법이지만, 하나님이 어떤 분이신가에 따라 호의를 베푸는 것은 은혜이다. 은혜는 위에서 아래로 내려온다. 반면에 율법에 의해 각성된 양심은 아래에서 위로 올라간다. 즉 나란 사람이 누구인가에 달려 있다.

고린도전서 3장 15절 "누구든지 그 공적이 불타면 해를 받으리니 그러나 자신은 구원을 받되 불 가운데서 받은 것 같으리라"는 구절과 요한일서 2장 28절 "자녀들아 이제 그 안에 거하라 이는 주께서 나타내신 바 되면 그의 강림하실 때에 우리로 담대함을 얻어 그 앞에서 부끄럽지 않게 하려 함이라"는 구절을 보면, 주님이 우리의 의에 대해서가 아니라 우리의 행위에 대해서 엄중하게 판단하실 것을 보여준다. 우리를 구원하시는 하나님의 순전한 은혜를 두려워하는 사람들은, 구원의 완전성과 확신성을 자기 마음대로 살아갈 수 있는 무제한의 자유를 주는 것과 육신대로 살아갈 수 있는 방종에 빠지는 것을 의미한다고 생각한다. 그래서 구원의 완전성과 확신성을 말해서는 안된다고 주장한다. 그렇다면 이렇게 생각해보자.

한 아버지가 자기 아들에게 이렇게 말한다.

"너는 내 아들이다. 너는 항상 내 아들이이며, 무슨 일이 있어도 너는 내가 사랑하는 나의 아들이라는 사실에는 변함이 없을 것이다."

그렇다면 당신은 그 아버지가 다음과 같이 한 마디 덧붙일 것으로 생각하는가?

"얘야, 이 말은 네 맘대로 살 수 있다는 것을 뜻한단다."

그렇지 않다. 아버지는 아들에게 이렇게 말할 것이다.

"너는 이제 나의 아들답게 살아야 한단다."

구원은 율법 행위에 속한 것이 아니라 순전히 은혜로 되는 것이다.

"무릇 하나님의 영으로 인도함을 받는 그들은 곧 하나님의 아들이라." (롬 8:14)

The Bible Herald, 1879, pp62-67, 102,105

제 5장

그리스도 안에 있는 사람과
육신에 있는 사람

"주님이 지상에서 최고의 겸손을 행하실 때,
베드로는 검을 휘둘렀다.
육신은 유혹 속에 깊이 빠져 들어가고 있었고,
그것을 이길 수 있는 사람은 아무도 없었다.
육신은 베드로를 대제사장 앞으로 이끌었다.
그곳에서 예수님은 영광스러운 증거를 하셨고,
사탄에 의해서 선동된 베드로는 주님을 부인했다.
모든 일에서 육신은 그리스도를 대적했지만,
베드로는 여전히 주님을 사랑했다.
성령을 받은 이후에도,
베드로는 여전히 육신 가운데 행하는 것을 볼 수 있다."

"내 안에 그리스도께서 사는 것이 영적 해방을 경험한 결과이다."
Notes and Jottings by J. N. Darby 1:90

제 5장
그리스도 안에 있는 사람과
육신에 있는 사람

고린도후서 12장에는 다음과 같은 특징들이 서로 대조를 이루고 있다. 즉 고린도후서 12장의 초반부와 후반부 사이, 셋째 하늘에 이끌려간 바울과 고린도 교회의 그리스도인들 사이, 그리고 그리스도인은 어떠한 사람이어야 하는가와 그리스도인은 어떠한 사람이 될 수 있는가 사이에 큰 대조점이 있다. 2절에는 우리가 마땅히 숙고해 보아야 하는 그리스도인의 큰 특권이 기술되어 있다. 바울은 자신을 가리켜 그리스도 안에 있는 한 사람으로 소개하고 있는데, 이것이야말로 모든 그리스도인, 게다가 전체 교회가 특징을 이루어야 하는 것이다. 바울이 셋째 하늘에 이끌려간 사실은 사도로서의 그의 자질이 아니라, 그리스도 안에 있는 존재로서의 모든 교회의 영적 수준을 가리킨다. 그리스도 안에 있는 사람은 새로운 피조물이며, 셋째 하늘에 자신의 자리를 가지고 있다. 비록 그리스도 안에 있는 모든 사람이 사도 바울처럼 셋째 하늘에 이끌려 올라간 적은 없을지라도, 그것은 사실이다. 사실 우리는 그리스도와 함께 살리심을 받았으며, 그리스도 안에서 하늘(처소)에 함께 앉아 있다.

사도 바울은 셋째 하늘에서 계시를 받았지만, 그것을 다른 사람들과 나누도록 허락을 받지는 않았다. 그는 셋째 하늘에서 사람이 말로 표현할 수 없는 비밀들을 들었다. 그는 그곳에 가서 하나님의 임재를 경험했으며, 거기에서 능력을 끌어오는 비결을 배웠다. 믿음의 눈으로 하늘을 바라보면서 그곳에서 하나님의 임재를 발견할 수 있다면, 하나님과의 사귐과 모든 환경 속에서도 하나님 앞에서 바로 행할 수 있는 능력을 얻게 된다. 이것은 베드로가 말한 거룩한 산, 즉 변화산에서 그리스도의 미래 영광을 바라보는 것과는 다르다(벧후 1:16-19). 이것은 육체의 몸으로는 경험할 수 없는 하나님과의 사귐을 가리킨다. 이러한 사귐의 원리는 우리 모두에게 적용된다. 하지만 사귐을 누리는 정도는 다 다를 것이다. 그럼에도 우리 모두가 소유하고 있는 위대하고도 일반적인 특권은 이것이다.

"우리가 보고 들은 바를 너희에게도 전함은 너희로 우리와 (즉 사도들과) 사귐이 있게 하려 함이니 우리의 사귐은 아버지와 그 아들 예수 그리스도와 함께 함이라."(요일 1:3)

에베소서 1장 15-20절과 3장 14-19절은 두 가지 전혀 다른 기도를 담고 있다. 첫 번째 기도는 그리스도의 영광을 아는 지식과 그것이 무엇과 연결되어 있는지를 보게 해달라는 것이다. 두 번째 기도는 우리 영혼이 하나님과의 교통을 누리고픈 갈망을 표현하고 있다. 사도 바울은 우리로 하여금 성령으로 우리 속 사람을 능력으로 강건하게 해달라고 기도했다. 그럴 때 그리스도께서 믿음으로 우리 마음에 거하게 되고, 또 그리스도의 사랑을 아는 지식으로 충만해져서 하나님의 모든 충만에 이를 수 있기 때문이다. 우리가 이 땅에 속한 것들을 구한다면, 우리는 이러한 축복들을 결코 경험할 수 없다. 그렇게 한다면 우리는 성령님을 근심시켜 드리는 것이며, 우리 속 사람은 금새 약해질 것이기 때문이다.

사도 바울의 자랑거리가 무엇이었는지 아는가? 그는 자신이 어떤 사람인지, 자신이 무슨 일을 성취했는지를 자랑하지 않았다. 오히려 자신의 연약함을 자랑했다(고후 12:9). 하나님과의 사귐 속에서 바울은 자신의 능력이 하나님 안에 있음을 배울 수 있었다. 만일 사도 바울이 가진 육체의 약함(갈 4:13)이 많은 사람들을 회심하게 하는 도구가 되었다면, 그것은 그와 함께 하신 하나님의 능력이 그렇게 한 것이었다. 따라서 바울은 그리스도를 위하여 자신의 약함을 자랑할 수 있었고, 능욕과 궁핍과 핍박과 곤란을 기뻐할 수 있었다. 그 모든 것은 육체의 힘에 의한 것도 아니고, 또한 육체를 만족시키는 것에 의한 것도 아니었다.

 사도 바울은 육체 가운데 있으면서 직접적으로 하나님의 임재 의식을 가졌고, 이것은 그로 교만에 빠지게 할 수 있었기 때문에, 하나님은 가시를 보내셨다. 육체는 안심거리를 찾으며, 다툼과 난관을 두려워한다. 하지만 하나님은 우리 영혼 앞에 그러한 안심거리들을 허락하지 않으신다. 우리의 연약함을 극복하기 위해서, 또는 고통스러운 상황을 벗어나기 위해서 열심히 기도하는 것은 가하다. 하나님을 의지하는 것은 이런 식으로 증대된다. 우리는 마땅히 우리의 연약함을 인식해야할 뿐만 아니라, 하나님 안에서 기쁨을 찾아야 한다. 그리하면 그리스도의 능력이 우리 안에서 나타나게 될 것이다.

 바울에게 허락된 육체 안에 있는 가시는 그로 하여금 자고하지 않도록 하기 위한 것이었고, 설교하는 바울의 모습을 보는 사람마다 업신여길만한 약점으로 주어진 것이었다(갈 4:13,14 참조). 사도 바울로 하여금 자신을 너무 높이지 못하도록, 너무 교만하지 않도록 땅으로 끌어내리는 일종의 균형점과 같은 것이었다. 사도 바울이 가진 그 가시가 정확히 무엇이었는지 너무 관심을 가질 필요는 없다. 하나님은 항상 우리 각 사람에게 필요한 것을 아시고 적절히 보내신다. 그것은 육체를 대적하도록 하나님이 보내신 사탄의 사자였다. 사탄은 육체를 통해서 다음과 같이 네 가지 방법으로 역사한다.

1) 회심하기 이전 사람의 육신은 사탄의 지배 아래 있으며, 그 양심은 굳어져 있다. 이것은 유다의 경우로서, 그는 돈을 사랑하는 도적이었다. 그가 돈으로 매수를 당했을 때, 사탄이 그에게로 들어가 부당한 일을 하게 했으며, 자신의 범죄의 결과를 보고는 절망에 빠지도록 했다.

2) 회심하기 이전 사람의 육신은 사탄의 유혹에 쉽게 빠진다.

3) 회심 이후에도 사람의 육신은 여전히 남아 있다. 구속의 인침으로서 성령을 받지 못한 사람, 또는 아직 해방의 역사를 경험하지 못한 사람은 사탄의 직접적인 간섭과 조정을 받을 수 있다. 중요한 고비마다 그리스도를 대적했던 베드로의 경우가 여기에 해당한다. 변화산에서 용모가 변화되는 것을 목격하기 전, 예수님이 자신이 겪게 될 고난에 대해 말했을 때 육신에 속했던 베드로는 감정적으로 예수님을 만류하고 나섰다. 그때 주님은 "사탄아 내 뒤로 물러가라"(마 16:23)고 말씀하셨다.

4) 사탄은 육체라는 수단을 사용해서 우리를 밀까부르듯 역사한다. 예수님은 이 사실을 제자들에게 경고하셨고, 특별히 베드로를 위해서 기도하셨다. 그 이유는 베드로 속에 있는 육신이 매우 강했기 때문이다.

베드로는 모든 상황마다 자신을 내세우려고 했고, 매번 그의 육신은 그리스도를 대적했다. 예수님은 제자들에게 말씀하셨다. "시험에 들지 않게 깨어 있어 기도하라 마음에는 원이로되 육신이 약하도다."(마 26:41)

이런 상태에 있다고 해서, 죄에 빠진 것은 아니다. 겟세마네 동산에서 성령의 역사로 그리스도는 깨어있을 수 있었고, 유혹이 왔을 때에도 그것은 그리스도를 넘어뜨릴 수 없었다. 하지만 세 제자는 깨어 기도하기는 커녕, 피곤함을 이기지 못하고 잠들어버렸다. 유혹이 왔을 때 그들은 먹잇감이 되었던 것이다. 주님의 마음을 상심시킬 수 있는 모든 것이 합하여 자신을 둘러싸며 조여올 때, 유다가 배신의 키스를 할 때에도, 예수님은 고요한 상태에서 자신을 아버지께 복종시키며 그분의 손에 내어맡길 수 있었다. 주님이 지상에서 최고의 겸손을 행하실 때, 베드로는 검을 휘둘렀다. 육신은 유혹 속에 깊이 빠져 들어가고 있었고, 그것을 이길 수 있는 사람은 아무도 없었다. 육신은 베드로를 대제사장 앞으로 이끌었다. 그곳에서 예수님은 영광스러운 증거를 하셨고, 사탄에 의해서 선동된 베드로는 주님을 부인했다. 모든 일에서 육신은 그리스도를 대적했지만, 베드로는 여전히 주님을 사랑했다. 성령을 받은 이후에도, 베드로는 여전히 육신 가운데 행하는 것을 볼 수 있다(갈 2:11-21).

그리스도인이 육신을 따라 행하는 모든 순간, 다른 사람들의 눈에 자신의 악한 행동을 얼마나 가련한 모습으로 위장하며 합리화하는지를 생각해보라. 이런 이유 때문에, 육신이 그리스도인 안에서 역사할 때, 그 결과는 회심하지 않은 사람들의 경우보다 더욱 더 참혹하게 된다. 이 일은 안디옥 교회에서 일어났는데, 모든 유대인들 심지어 바나바까지도 외식하는 일에 빠지게 했다(갈 2:11-13).

셋째 하늘에 이끌려가는 경험조차도 결코 육신을 변화시키지 못한다. 육신은 자고하도록 바울에게 "그대 외에 누가 그곳에 간적이 있는가?"라고 부추기는 말을 하고자 할 것이다. 사탄의 사자는 바울을 부추겨 자고함에 빠지는 역할을 하도록 허용되었지만, 사실은 바울로 자신을 자고하지 않도록 조심하게 함으로써 하나님의 선을 이루는 도구가 되었다. 하나님은 하나님이 친히 그 일을 하신 것이 아니라, 하나님의 자녀를 넘어뜨리기를 좋아하는 사탄으로 하게끔 하게 했고, 자신을 높이고 영광을 취하고 싶어 하는 상황 속에서도 육신은 결코 신뢰할 수 없는 존재임을 우리에게 알리는 하나님의 도구가 되게끔 했다.

그렇다면 우리 육체에 고통스러운 상황들은 우리 영혼에게 더할 나위없이 좋은 것이다. 그러한 상황은 아버지로 하여금 자기 자녀들을 징계할 필요가 없게 해준다. 우리 안에 역사하고 있는 하나님의 역사와 우리 속에 있는 하나님의 능력은, 우리의 약함과 더불어, 이처럼 어려움을 겪고 있는 상황 속에서 나타나게 된다. 우리가 무언가 노력할 때, 하나님의 응답이 주어진다. "내 은혜가 네게 족하도다."(고후 12:9) 하나님은 우리를 기쁨 가운데 있는 자신의 임재 가운데로 초청하시며, 육체 가운데서 우리를 괴롭히던 모든 것을 우리의 유익을 위해 역사하도록 해주신다.

  이 모든 일을 통해서 우리를 사랑하시는 하나님의 역사로 말미암아 우리로 하여금 넉넉히 이기는 자가 되게 하시는 것이 영적 해방의 결말이다. 모든 독자들이 영적 해방의 은혜를 받아 누릴 수 있기를 빈다.

The Christian Friend, 1889, pp. 57-61.

형제들의 집 도서 안내

1. 조지 밀러 영성의 비밀
   조지 밀러 지음/이종수 옮김/값 1,000원
2. 수백만을 감동시킨 사람을 감동시킨 바로 그 사람: 헨리 무어하우스
   존 A. 비올리 지음/이종수 옮김/값 1,000원
3. 내 영혼의 만족의 노래
   W.T.P 월스톤 지음/이종수 옮김/값 1,000원
4. 모든 일을 하나님의 영광을 위하여 하라
   해리 아이언사이드 지음/이종수 옮김/값 1,000원
5. 잃어버린 영혼을 위해서 어떻게 기도해야 하는가
   오스왈드 샌더스, 찰스 스펄전 지음/이종수 옮김/값 1,000원
6. 윌리암 켈리의 칭의의 은혜(개정판)
   윌리암 켈리 지음/이종수 옮김/값 6,000원
7. 이것이 거듭남이다(개정판)
   알프레드 깁스 지음/이종수 옮김/값 9,000원
8. 존 넬슨 다비의 영성있는 복음
   존 넬슨 다비 지음/이종수 옮김/값 5,000원
9. 로버트 클리버 채프만의 사랑의 영성(개정판)
   로버트 C. 채프만 지음/이종수 옮김/값 7,000원
10. 영성을 깊게 하는 레위기 묵상
    C.H. 매킨토시 외 지음/이종수 옮김/값 5,000원
11. 존 넬슨 다비의 성경주석: 빌립보서
    존 넬슨 다비 지음/이종수 옮김/값 5,000원
12. 존 넬슨 다비의 히브리서 묵상(개정판)
    존 넬슨 다비 지음/정병은 옮김/값 11,000원
13. 조지 커팅의 영적 자유
    조지 커팅 지음/이종수 옮김/값 4,000원
14. 윌리암 켈리의 해방의 체험(개정판)
    윌리암 켈리 지음/이종수 옮김/값 4,500원
15. 존 넬슨 다비의 성경주석: 골로새서(개정판)
    존 넬슨 다비 지음/이종수 옮김/값 8,000원
16. 구원 얻는 기도
    이종수 지음/값 5,000원
17. 영혼의 성화
    프랭크 빈포드 호올 지음/이종수 옮김/값 1,000원
18. 당신은 진짜 거듭났는가?
    아더 핑크 지음/박선희 옮김/값 4,500원
19. C.H. 매킨토시의 완전한 구원(개정판)
    C.H. 매킨토시 지음/이종수 옮김/값 5,500원
20. 존 넬슨 다비의 하나님의 뜻을 분별하는 법
    존 넬슨 다비 지음/이종수 옮김/값 1,000원
21. 존 넬슨 다비의 성경주석: 요한계시록
    존 넬슨 다비 지음/이종수 옮김/값 10,000원
22. 주 안에 거하라
    해밀턴 스미스, 허드슨 테일러 지음/이종수 옮김/값 1,000원

23. C.H. 매킨토시의 하나님의 선물
C.H. 매킨토시 지음/이종수 옮김/값 4,000원

24. 존 넬슨 다비의 성경주석: 에베소서
존 넬슨 다비 지음/이종수 옮김/값 8,000원

25. 존 넬슨 다비의 영적 해방
존 넬슨 다비 지음/문영권 옮김/값 7,000원

26. 건강하고 행복한 그리스도인이 되는 법
어거스트 반 린, J. 드와이트 펜테코스트 지음/ 값 1,000원

27. 존 넬슨 다비의 성경주석: 로마서
존 넬슨 다비 지음/문영권 옮김/값 12,000원

28. 존 넬슨 다비의 성화의 길
존 넬슨 다비 지음/이종수 옮김/값 4,500원

29. 기독교 신앙에 회의적인 사랑하는 나의 친구에게
로버트 A. 래이드로 지음/박선희 옮김/값 5,000원

30. 체험을 위한 성령의 내주, 그리고 충만
조지 커팅 지음/이종수 옮김/값 4,500원

31. 존 넬슨 다비의 성경주석: 갈라디아서
존 넬슨 다비 지음/이종수 옮김/값 4,800원

32. 존 넬슨 다비의 성경주석: 요한서신서 · 유다서
존 넬슨 다비 지음/문영권 옮김/값 8,000원

33. 존 넬슨 다비의 성경주석: 데살로니가전 · 후서
존 넬슨 다비 지음/이종수 옮김/값 8,000원

34. 그리스도와의 연합과 구원(성경공부교재)
문영권 지음/값 2,500원

35. 그리스도와의 연합과 성화(성경공부교재)
문영권 지음/값 3,000원

36. 사도라 불린 영적 거장들
이종수 지음/값 7,000원

37. 당신은 진짜 하나님을 신뢰하는가(개정판)
조지 뮬러 지음/ 이종수 옮김/값 5,500원

38. 그리스도와 연합된 천상적 교회가 가진 영광스러운 교회의 소망
존 넬슨 다비 지음/ 문영권 옮김/ 값 13,000원

39. 가나안 영적 전쟁과 하나님의 전신갑주
존 넬슨 다비 지음/ 이종수 옮김/ 값 2,000원

40. 죄 사함, 칭의 그리고 성화의 진리
고든 헨리 해이호우 지음/ 이종수 옮김/ 값 2,000원

41. 하나님을 찾는 지성인, 이것이 궁금하다!
김종만 지음/ 값 10,000원

42. 이것이 그리스도의 심판대이다
이종수 엮음/ 값 8,000원

43. 존 넬슨 다비의 성경주석: 마태복음
존 넬슨 다비 지음/이종수 옮김/값 16,000원

44. C.H. 매킨토시의 하나님에 관한 진실
C.H. 매킨토시 지음/이종수 옮김/값 1,000원

45. 존 넬슨 다비의 성경주석: 여호수아
　　　　　　　　　　　　　　　　존 넬슨 다비 지음/문영권 옮김/값 8,000원

46. 찰스 스탠리의 당신의 남편은 누구인가
　　　　　　　　　　　　　　　　찰스 스탠리 지음/이종수 옮김/값 4,000원

47. 존 넬슨 다비의 성령론
　　　　　　　　　　　　　　　존 넬슨 다비 지음/이종수 옮김/값 13,000원

48. 존 넬슨 다비의 영적 해방의 실제(개정판)
　　　　　　　　　　　　　　　　존 넬슨 다비 지음/이종수 옮김/값 6,000원

49. 존 넬슨 다비의 주요사상연구: 다비와 친구되기
　　　　　　　　　　　　　　　　　　　　　문영권 지음/값 5,000원

50. 존 넬슨 다비의 죽음 이후 영혼의 상태
　　　　　　　　　　　　　　　　존 넬슨 다비 지음/이종수 옮김/값 5,000원

51. 신학자 존 넬슨 다비 평전
　　　　　　　　　　　　　　　　　　　　　이종수 지음/ 값 7,000원

52. 존 넬슨 다비의 요한복음 묵상
　　　　　　　　　　　　　　　　존 넬슨 다비 지음/이종수 옮김/값 8,000원

53. 프레드릭 W. 그랜트의 영적 해방이란 무엇인가
　　　　　　　　　　　　　　프레드릭 W. 그랜트 지음/이종수 옮김/값 4,500원

54. 홍해와 요단강을 통해서 나타난 하나님의 구원
　　　　　　　　　　　　　　　　　윌리암 켈리 지음/ 이종수 옮김/값 4,800원

55. 그리스도와의 연합을 위한 성령의 역사
　　　　　　　　　　　　　　　　윌리암 켈리 지음/ 이종수 옮김/ 값 19,000원

56. 누가, 그리스도인인가?
　　　　　　　　　　　　　　시드니 롱 제이콥 지음/ 박영민 옮김/ 값 7,000원

57. 선교사가 결코 쓰지 않은 편지
　　　　　　　　　　　　　　프레드릭 L. 코신 지음 / 이종수 옮김/ 값 9,000원

58. 사랑의 영성으로 성자의 삶을 살다간 로버트 채프만
　　　　　　　　　　　　　　　　프랭크 홈즈 지음 / 이종수 옮김/ 값 8,500원

59. 므비보셋, 룻, 그리고 욥 이야기
　　　　　　　　　　　　　　　　찰스 스탠리 지음 / 이종수 옮김/ 값 7,500원

60. 구원의 근본 진리
　　　　　　　　　　　　　　　　에드워드 데넷 지음 / 이종수 옮김/ 값 6,500원

61. 회복된 진리, 6+1
　　　　　　　　　　　　　　　　에드워드 데넷 지음/ 이종수 옮김/ 값 6,000원

62. 당신의 상상보다 더 큰 구원
　　　　　　　　　　　　　　프랭크 빈포드 호올 지음/ 이종수 옮김/ 값 6,500원

63. 뿌리 깊은 영성의 그리스도인으로 사는 법
　　　　　　　　　　　　　　찰스 앤드류 코우츠 지음 / 이종수 옮김/ 값 9,000원

64. 천국의 비밀 : 천국, 하나님 나라, 그리고 교회의 차이
　　　　　　　　　프레드릭 W. 그랜트 & 아달펠트 P. 세실 지음/이종수 옮김/ 값 7,000원

65. 존 넬슨 다비의 성경주석: 베드로전 · 후서
　　　　　　　　　　　　　　　　　존 넬슨 다비 지음/장세학 옮김/ 값 7,500원

66. 존 넬슨 다비의 영광스러운 구원
　　　　　　　　　　　　　　　　존 넬슨 다비 지음/이종수 엮음/ 값 15,000원

67. 어린양의 신부
　　　　　　　　　　　　　　　W.T.P. 월스톤 & 해밀턴 스미스 지음/ 박선희 옮김/ 값 10,000원
68. 성경에서 말하는 회심
　　　　　　　　　　　　　　　　　C.H. 매킨토시 지음/ 이종수 옮김/ 값 6,000원
69. 십자가에서 천년통치에 이르는 그리스도의 길
　　　　　　　　　　　　　　　　　존 R. 칼드웰 지음/ 이종수 옮김/ 값 7,500원
70. 그리스도와의 연합이란 무엇인가?
　　　　　　　　　　　　　　　　　에드워드 데넷 지음/ 이종수 옮김/ 값 9,000원
71. 하늘의 부르심 vs. 교회의 부르심
　　　　　　　　　　　　　　　　존 기포드 벨렛 지음/ 이종수 옮김/ 값 16,000원
72. 당신은 진짜 새로운 피조물인가
　　　　　　　　　　　　　　　존 넬슨 다비 외 지음/ 이종수 옮김/ 값 12,000원
73. 플리머스 형제단 이야기
　　　　　　　　　　　　　　　　앤드류 밀러 지음/ 이종수 옮김/ 값 14,000원
74. 바울의 복음, 그리스도의 영광의 복음
　　　　　　　　　　　　　　　　존 기포드 벨렛 지음/ 이종수 옮김/ 값 9,000원
75. 악과 고통, 그리고 시련의 문제
　　　　　　　　　　　　　　　　　　　　　　　이종수 지음/ 값 9,000원
76. 요한계시록 일곱 교회를 향한 예언 메시지
　　　　　　　　　　　　　　　　　존 넬슨 다비 지음/이종수 옮김/ 값 18,000원
77. 영광스러운 구원, 어떻게 받는가
　　　　　　　　　　　　　　　　　존 넬슨 다비 지음/이종수 엮음/ 값 13,000원
78. 영광스러운 교회의 길
　　　　　　　　　　　　　　　　　존 넬슨 다비 지음/이종수 엮음/ 값 22,000원
79. 존 넬슨 다비의 성경주석: 디모데전후서, 디도서, 빌레몬서
　　　　　　　　　　　　　　　　　존 넬슨 다비 지음/이종수 옮김/ 값 15,000원
80. 성경을 아는 지식
　　　　　　　　　　　　　　　　　존 넬슨 다비 지음/이종수 엮음/ 값 18,500원
81. 십자가의 도
　　　　　　　　　　　　　　　　　존 넬슨 다비 지음/이종수 엮음/ 값 13,500원
82. 존 넬슨 다비의 성경주석: 고린도전후서
　　　　　　　　　　　　　　　　　존 넬슨 다비 지음/이종수 옮김/값 18,500원
83. 존 넬슨 다비의 성경주석: 사도행전
　　　　　　　　　　　　　　　　　존 넬슨 다비 지음/이종수 옮김/값 17,000원
84. 그리스도와의 연합을 위한 사도 바울의 기도
　　　　　　　　　　　　　　　　　존 넬슨 다비 지음/이종수 엮음/ 값 10,000원
85. 빌라델비아 교회의 길
　　　　　　　　　　　　　　　　해밀턴 스미스 지음/이종수 옮김/ 값 10,000원
86. 무명한 자 같으나 유명한 존 넬슨 다비 전기
　　　　　　　　　　　　윌리암 터너, 에드윈 크로스 지음/이종수 옮김/값 12,000원
87. 성경의 핵심용어 해설
　　　　　　　　　　　　　　데이빗 구딩, 존 레녹스 지음/허성훈 옮김/값 9,000원
88. 존 넬슨 다비의 성경주석: 히브리서, 야고보서
　　　　　　　　　　　　　　　　　존 넬슨 다비 지음/이종수 옮김/값 17,500원

89. 존 넬슨 다비의 성경주석: 요한복음
　　　　　　　　　　　　　　　존 넬슨 다비 지음/이종수 옮김/값 17,000원

90. 신부의 노래
　　　　　　　　　　　　　　　해밀턴 스미스 지음/이종수 옮김/값 10,000원

91. 에클레시아의 비밀
　　　　　　　　　　　　　　　해밀턴 스미스 지음/이종수 옮김/값 10,000원

92. 존 넬슨 다비의 성경주석: 누가복음
　　　　　　　　　　　　　　　존 넬슨 다비 지음/이종수 옮김/값 13,500원

93. 예수 그리스도를 따라 맨 밑바닥까지 내려가는 아름다움
　　　　　　　　　　　　　　　조지 위그램 지음/이종수 옮김/값 7,000원

94. 죄 사함과 죄로부터의 완전한 자유
　　　　　　　　　　　　　　　조지 커팅 지음/이종수 옮김/값 7,000원

95. 성령의 성화
　　　　　　　　　　　　　　　윌리암 켈리 지음/이종수 옮김/값 6,500원

96. 하나님의 義란 무엇인가
　　　　　　　　　　　　　　　윌리암 켈리 지음/이종수 옮김/값 9,000원

97. 길이요 진리요 생명이신 그리스도
　　　　　　　　　　　　　　　윌리암 켈리 지음/이종수 옮김/값 6,500원

98. 보혜사 성령
　　　　　　　　　　　　W.T.P. 월스톤 지음/이종수 옮김/값 24,000원

99. 존 넬슨 다비의 성경주석: 창세기
　　　　　　　　　　　　　　　존 넬슨 다비 지음/이종수 옮김/값 8,600원

100. 존 넬슨 다비의 성경주석: 이사야
　　　　　　　　　　　　　　　존 넬슨 다비 지음/이종수 옮김/값 9,400원

101. 그리스도와의 하나됨을 통한 동일시의 진리란 무엇인가
　　　　　　　　　　　클라이드 필킹턴 주니어 편집/이종수 엮김/값 9,000원

102. 존 넬슨 다비의 성경주석: 다니엘
　　　　　　　　　　　　　　　존 넬슨 다비 지음/이종수 옮김/값 8,000원

형제들의집 베스트 25권

그리스도인이라면 죽기 전에 꼭 읽어야할 필독서 25권

....

영광스러운 구원으로 가는 길에는 다음과 같은 네 개의 기둥과 같은 진리가 있습니다. 네 개의 기둥과 같은 진리를 차례 차례 경험하십시오!

☆그리스도인이라면 죽기 전에 꼭 읽어야할 필독서☆

하나님께서는 그리스도 안에서 영광스러운 구원을 예비하셨습니다. 그리고 그처럼 영광스러운 구원에 들어가는데 **4가지 진리의 기둥**을 세우셨습니다.
   이 기둥과 같은 진리를 순서대로 알아갈 때, 이전과는 다른 기쁨과 감동의 신앙생활을 할 수 있습니다. 정확히 알고 믿을 때에만, 성령의 능력이 임하고, 그리스도인 다운 삶을 살 수 있습니다.
   순서대로 읽기를 권합니다. 그렇지 않으면, 성령의 역사가 없습니다. 다음 질문을 자신에게 적용해보고, 정직하게 답변해보시기 바랍니다.

☆ 당신은 물과 성령으로 거듭났습니까? 당신은 하나님 앞에서 깨끗해지는 것을 경험했으며, 날마다 깨끗케 하고 있습니까? 알고 싶다면☞

1. 거듭남과 중생의 진리를 소개하는 책
   1) 이것이 거듭남이다/ 알프레드 깁스/ 9,000원
   2) 성경에서 말하는 회심/ C.H.매킨토시/ 6,000원
   3) 당신은 진짜 거듭났는가/ 아더 핑크/ 6,000원

☆ 당신은 하나님의 의를 받아서 의롭다 함을 받았습니까? 아니면 여전히 죄인이고 죄을 지을수밖에 없지만 하나님이 나의 죄들을 보지 않으실 거라고 믿고 있습니까? 알고 싶다면☞

2. 죄사함과 이신득의의 진리를 소개하는 책
   4) 칭의의 은혜/ 윌리암 켈리/ 6,000원
   5) 죄 사함과 죄로부터의 완전한 자유/ 조지 커팅/ 7,000원
   6) 하나님의 의란 무엇인가/ 윌리암 켈리/ 9,000원

☆ 당신은 로마서 7장 상태에서 8장 상태로 넘어갔습니까? 당신 속에서 끊임없이 죄를 짓도록 당신을 죄로 끌고 가는 힘을 느끼고 있습니까? 그게 무엇인지 그 실체를 알고 싶습니까? 거기서 해방 받기를 원하십니까? 경험하고 싶다면☞

3. 영적해방의 진리를 소개하는 책
   7) 영적 해방이란 무엇인가/ F.W. 그랜트/ 4,500원
   8) 해방의 체험/ W. 켈리/ 4,500원

9) 당신의 남편은 누구인가/ 찰스 스탠리/ 4,000원
   10) 영적 해방의 실제/ J.N. 다비/ 5,000원
   11) 십자가의 도/ J.N. 다비/ 13,500원 /
   12) 천국의 비밀/ F.W. 그랜트/ 7,000원

☆ 당신은 그리스도와 함께 승천하는 것을 경험했습니까? 하늘에서 그리스도와 함께 앉아 있습니까? 경험하고 싶다면☞

4. 그리스도와의 연합의 진리를 소개하는 책
   13) 영광스러운 구원/ J.N. 다비/ 15,000원
   14) 영광스러운 구원, 어떻게 받는가/ J.N. 다비/ 13,000원
   15) 당신은 진짜 새로운 피조물인가/ J.N. 다비 외/ 12,000원
   16) 그리스도와의 연합을 위한 사도 바울의 기도/ J.N. 다비/ 10,000원
   17) 어린양의 신부/ 해밀턴 스미스/ 10,000원
   18) 존 넬슨 다비의 성령론 / 존 넬슨 다비/ 13,000원
   19) 그리스도와의 연합을 위한 성령의 역사/ 윌리암 켈리/ 19,000원
   20) 보혜사 성령 / W.T.P. 월스톤/ 24,000원
   21) 그리스도와의 하나됨을 통한 동일시의 진리란 무엇인가/ 클라이드 필킹턴 주니어/ 9,000원

☆ 당신은 그리스도와 연합을 이룬 사람들의 모임, 그리스도의 몸으로서 교회에서 신앙생활을 하고 있습니까? 가장 신약교회의 진리에 충실한 교회를 경험하고 싶다면

5. 신약교회의 진리를 소개하는 책
   22) 에클레시아의 비밀/ 해밀턴 스미스/ 10,000원
   23) 빌라델비아 교회의 길/ 해밀턴 스미스/ 10,000원
   24) 요한계시록 일곱 교회를 향한 예언 메시지/ J.N. 다비 / 18,000원
   25) 영광스러운 교회의 길/ J.N. 다비/ 22,000원

낱권 구입도 가능합니다.

도서구입 : 온라인쇼핑몰 brethrenkr.shop.co.kr
생명의말씀사, 갓피플몰, 지마켓, 쿠팡, 예스24, 알라딘

지성과 영성의 거장 윌리암 켈리 시리즈

칭의의 은혜
윌리암 켈리 지음
값 6,000원

로마서에 나타난 칭의의 은혜를 얻게 되면, 하나님과의 화평을 누리고, 하나님의 영광을 바라며 즐거워하는 존재가 된다. 이로써 환난 중에도 즐거워하게 된다.

홍해와 요단강을 통해서 나타난
하나님의 구원
윌리암 켈리 지음
값 4,800원

홍해와 요단강은 둘 다 그리스도의 죽음을 상징하고 있지만, 적용점이 다르다. 이 둘을 모두 우리의 믿음에 적용하는 법을 배우게 되면, 우리의 신앙은 놀랍게 변화될 것이다.

해방의 체험
윌리암 켈리 지음
값 4,500원

믿음으로 의롭게 된 사람은 자기 속에 거하는 죄성과 육신 때문에 필연적으로 로마서 7장 상태에 떨어지게 된다. 어떻게 로마서 7장을 벗어날 수 있는가? 그것이 바로 해방의 체험이다.

그리스도와의 연합을 위한
성령의 역사
윌리암 켈리 지음
값 19,000원

신약성경을 관통하는 성령의 역사에 대해서 조명한 책으로, 그리스도와의 연합을 위해서 역사하시는 성령의 사역과 역사에 대해서 소개하고 있다.

성령의 성화
윌리암 켈리 지음
값 6,500원

오늘날 거의 알려진 적이 없는 성령의 성화, 우리는 성령의 성화를 통해서 하나님과의 관계 속에서 가장 심오한 기쁨 속으로 들어갈 수 있다.

하나님의 의란 무엇인가
윌리암 켈리 지음
값 9,000원

이신득의를 통해서, 우리는 하나님의 의를 그대로 받은 영광스러운 존재가 된다. 그리고 영적 해방과 그리스도와의 연합으로 들어갈 수 있는 견고한 토대 위에 서게 된다.

길이요 진리요 생명이신 그리스도
윌리암 켈리 지음
값 6,500원

길이요 진리요 생명이신 그리스도를 부분이 아닌, 전부를 믿고 받아들일 때, 복음이 주는 기쁨과 희열을 누릴 수 있다. 나는 죽고 그리스도로 사는 삶으로 들어가는 길을 제시하고 있다.

플리머스 형제단 최고의 신학자 존 넬슨 다비 시리즈

하나님의 은혜의 경륜의
중심에 있는
그리스도와의 연합이란
진리를 따라
성경 전체를
조망한 주석을 만난다!

다비성경주석 시리즈 전 21권

1. 성경주석: 마태복음/ J.N. 다비/ 16,000원
2. 성경주석: 마가복음/ J.N. 다비/ 8,500원
3. 성경주석: 누가복음/ J.N. 다비/ 13,500원
4. 성경주석: 요한복음/ J.N. 다비/ 17,000원
5. 성경주석: 사도행전/ J.N. 다비/ 17,000원
6. 성경주석: 로마서/ J.N. 다비/ 12,000원
7. 성경주석: 고린도전후서/ J.N. 다비/ 18,500원
8. 성경주석: 갈라디아서/ J.N. 다비/ 4,800원
9. 성경주석: 에베소서/ J.N. 다비/ 8,000원
10. 성경주석: 빌립보서/ J.N. 다비/ 5,000원
11. 성경주석: 골로새서/ J.N. 다비/ 8,000원
12. 성경주석: 데살로니가전후서/ J.N. 다비/ 8,000원
13. 성경주석: 디모데전후서, 디도서, 빌레몬서/ J.N. 다비/ 15,000원
14. 성경주석: 히브리서, 야고보서/ J.N. 다비/ 17,500원
15. 성경주석: 베드로전후서/ J.N. 다비/ 7,500원
16. 성경주석: 요한서신서,유다서/ J.N. 다비/ 8,000원
17. 성경주석: 요한계시록/ J.N. 다비/ 10,000원
18. 성경주석: 창세기/ J.N. 다비/ 8,600원
19. 성경주석: 여호수아서/ J.N. 다비/ 8,000원
20. 성경주석: 이사야/ J.N. 다비/ 9,400원
21. 성경주석: 다니엘/ J.N. 다비/ 8,000원

존 넬슨 다비는
가는 곳마다
영적 해방과
그리스도와의 연합이란
진리를 통해서
생명을 가지고 있지만,
로마서 7장 상태에
갇혀 있는 무수한
영혼들을 들어올려 줌으로써
하늘에 있는 그리스도와
함께 앉게 해주는
강력한 메신저였다.

다비를 만난다면,
당신의 신앙에 혁명이
일어날 것이다.

다비 저서 시리즈 전 21권

1. 사도라 불린 영적 거장들 / 7,000원
2. 존 넬슨 다비 전기 / 10,000원
3. 영광스러운 구원 / 15,000원
4. 영적 해방 / 7,000원
5. 영적 해방의 실제 / 5,000원
6. 영성있는 복음 / 5,000원
7. 십자가의 도 / 13,500원
8. 당신은 진짜 새로운 피조물인가 / 12,000원
9. 요한복음 묵상 / 8,000원
10. 히브리서 묵상 / 11,000원
11. 성령론 / 13,000원
12. 영광스러운 구원, 어떻게 얻는가 / 13,000원
13. 그리스도와의 연합을 위한 사도 바울의 기도 / 10,000원
14. 성경을 아는 지식 / 18,500원
15. 성화의 길 / 4,500원
16. 가나안 영적 전쟁과 하나님의 전신갑주 / 2,000원
17. 영광스러운 교회의 길 / 22,000원
18. 영광스러운 교회의 소망 / 13,000원
19. 죽음 이후 영혼의 상태 / 5,000원
20. 요한계시록 일곱교회를 향한 예언메시지 / 18,000원
21. 하나님의 뜻을 분별하는 법 / 1,000원

Originally published under the title of
"Romans 6 & Deliverance; Or, The Position of the Believer Before God &
Deliverance and Holiness &
The Basis of Deliverance & A Man in Christ and The Flesh"
by John Nelson Darby
Copyright©Les Hodgett, Stem Publishing
7 Primrose Way, Cliffsend, Ramsgate, Kent, U.K.

Korean translation copyright
ⓒ 2012 by Brethren House, Korea
All rights reserved

존 넬슨 다비의 영적 해방의 실제
경험적인 측면에서 살펴보는 영적 해방의 진리
ⓒ형제들의 집 2012

초판 발행 • 2012.3.24
제2판 1쇄 • 2020.01.06
지은이 • 존 넬슨 다비
옮긴이 • 이 종 수
발행처 • 형제들의집
인쇄소 • (주)이모션티피에스 / TEL : (02) 2263-6414/ www.emotiontps.com
판권ⓒ형제들의집 2012
등록 제 7-313호(2006.2.6)
Cell. 010-9317-9103
홈페이지 http://brethrenhouse.co.kr
온라인 쇼핑몰 http://brethrenkr.shop.blogpay.co.kr
카페 cafe.daum.net/BrethrenHouse
ISBN 979-11-90439-01-5 03230

* 값은 뒤표지에 있습니다.
* 잘못된 책은 바꿔드립니다.
* 서점공급처는 〈생명의말씀사〉 입니다. 전화(02) 3159-7979(영업부)